Uwe Bokelmann

Dwars dör't Land

Uwe Bokelmann

Dwars dör't Land

„De Dag fung so schöön an,
un denn muss ik opstohn!"

Geschichten un Gedichte von Land un Lüüd.
Beten ton smuustern, beten ton nodenken!

Ik heff so schreven, as wi hier bi us snackt!

ISENSEE VERLAG
OLDENBURG

Umschlag:
Fotos aus dem Archivbestand des Focke Museums. Die Fotografien stammen von Hans Saebens aus Worpswede, *„Der große und der kleine Jan"* (Vorderseite: Bildnr. 4a-559, Rückseite: Bildnr.: 4a-560).

Bibliografische Information der Deutschen Bibliothek

Die Deutsche Bibliothek verzeichnet diese Publikation in der Deutschen Nationalbibliografie; detaillierte bibliografische Daten sind im Internet über <http://dnb.ddb.de> abrufbar.

ISBN 978-3-7308-1449-9

Gedruckt bei Isensee in Oldenburg

Inhaltsverzeichnis

Hartensprook

Von´n Harz bit an de Woterkant,
von Pommern hen to´n Fresenland,
snackt man siet vele hunnert Johr
de plattdüütsch Sprook, is wiss un wohr.
Doch siet ´ne ganze reeg von Johr´n
geiht se jümmer mehr verloren.
För veel Lüüd is se hüüt to minn,
mi dücht, dat mutt een Enn nu finn!
Plattdüütsch is de Sprook för´t Hart,
karnig, ehrlich un vull smart.
Dorüm is´t ok för jeedeen Plicht:
„Dien Muddersprook - vergeet se nich!“

Neejohr

Ach, wi gau so´n Johr vergeiht,
dat Ne´e kloppt al an de Döör.
Dat Ole hett sik mööd afmeldt;
is ohn´ Puust, ganz matt un möör!

Keen weet, wat us dat bringen mag,
un wat de Minschen steiht bevör.
Gifft endlich Freden op de Welt,
köönt open loten wi de Döör?

Goht wi op usen Nober to,
günnt em een fründlich Woort?
Freud wi us to Boom un Bloom,
oder töövt, bit allns is verdorrt?

Helpt wi, wenn dat mol nödig deit
un goht alltieds den lieken Weg?
Blots, wenn all bieenanner stoht,
löppt sik in´n Leven ok goot trecht.

Dat schull vör´t Johr de Vörsatz ween,
denn bün ik seker wiss un wohr,
wi köönt mit Moot un Toversicht,
us freuen op dat ne´e Johr!

Gedanken trüch

Wenn man oller warrt, denkt man af un an trüch un sinnt doröver no, wat een siet de Kinnertiet un ok den lotern Levensweg tokomen un begegen is.
Ik denk, so geiht dat wull de meisten Minschen.
As vör kotten us lütte Enkel op mi tokeem un froog, wat dat mit den Doot op sik harr, weer ik teemlich bestott. För enen Ogenblick gungen mi meist de Wöör verloren. Doch mark ik gau, wi em dat beweeg, denn in us Noberschapp weer een storven. Dorüm heff ik em bisiet nohmen un von mien egen Beleevnis vertellt.
Ik weer jüst söss Johr old, as miene Uuroma, de bi us wohn, starv. Noch hüüt kann ik mi dorop besinnen, wi mi dat domols quäl un trorig mook.
To de Tiet weer dat noch gang un geev, dat de Opbohrung binnen in´t Huus statt funn. De Sarg stunn opboort op´n Fluur, un wi Kinner worrn vermohnt, us lies to verholen. De Klocken in Köök un Stuuv harr Vadder still stellt. Dat bleev so lang, bit de Troerfier in´ne Kark ween weer.
Een poor Doog loter mark Opa, wi slecht mi dat gung, denn mit Uuromas Doot keem ik nich trecht. He hett mi bisiet nohmen un mit vörsichtig Wöör verkloort, dat Leven un Starven tosomen hört.

„Du muss di dat so vörstellen“, meen he, „dat is bi us Minschen liekerveel as wi mit een Samenkoorn. Dat lütte Koorn warrt in de Eer seiht. Um goot to diegen, bruukt dat Regen un Sünnschien. No´n kotte Tiet krüppt dat ut de Eer un fangt an to wassen. De smale Halm reckt sik no boven in de Hööchd un warrt grötter un steviger. Männich een wasst fix, anner blievt lütt un spiddelig. So is dat ok bi de Minschen. Keeneen lett sik gliek. Wat de Ähren för Samen dräägt, liggt nich in use Hand. Kümmt de Harvst över´t Land un dat Koorn is riep, steiht de Aarnt an. Is allns ünner Dack un Fack, bruukt man keen Not to lieden un hett Tiet sik uttorauhn, denn man hett jo nee´t Koorn för de Utsoot anner Johr. Weiht de Harvstwind över de meihten Stoppelfeller, plöögt de Buur de welken Reste, de swack un matt sund, opletzt ünner de Eer.“
As lütte Jung heff ik domols nich allns klook kregen wat Opa mi mit sien Wöör seggen wull, doch hebbt se mi düchtig hulpen, miene Trorigkeit to överwinnen. Wenn ok dat glieke för usen Enkel enes goden Dags gellt, schull mi dat freuen.

Vörjohr

Vörbi sund nu de düüstern Doog,
dat Vörjohr meldt sik an mit Macht.
Dat wat grau, will sik all wennen,
de eersten Sünnenstrohlen lacht.

Riet wiet open Dören un Finster,
de Vörjohrsluft is mild un lau.
Sett den Hoot op, pack den Rucksack,
maschier eenmol dör Wald un Au.

Busch un Bööm fangt an to knospen,
Minsch un Natuur, keeneen hett Tiet.
Reh un Hoos, all sund se fliedig,
de Sommer is nu nich mehr wiet.

Buten warrt nu langsom warmer,
Minsch un Natur foot ne´n Moot.
Ok dienen Nober nich vergeten,
denn geiht us alln seker goot!

De eerste Schooldag

Op den Dag luur de lütte Emma al vele Weken. Doch denn stunn endlich de eerste Schooldag an.
Gegen Middag keem se helsch vergnöögt un plietsch an´t Huus.
Foorts vertell se ehr Mama, wat se allns beleevt harr un wi de Dag aflopen weer.
As se Opa to sehn kreeg meen se: „Opa, ik heff hüüt ok al wat lehrt!"
Op sien Froog: „Wat denn mien Deern?", geev se em slau to Antwoort: „Immer schön leise sein, hett de Lehrerin to mi seggt."
Opa smuuster still vör sik hen. He kenn jo siene lütte Sabbelkatrin.
Stillkens dach he, is noch nipp un nau de glieke Stoff de lehrt warrt, jüst so as bi mi vör foftig Johr´n.

KEEN TO LOOT KUMMT

In junge Johrn weer Mimi eenfach veel to krüüsch un wunnerlich ween. Dat weer ok de Ursook, worüm se keen Kerl afkregen harr.

Villicht heel se de Nääs as junge Deern ok een beten to hooch. Liekerveel, ob bien Füerwehrball oder Schützenfest, meistens bleev se op´n Stohl sitten wenn de Musik speel un de Mannslüüd de Deerns ton Danz holen.

Dat dä ehren Broer Hinni düchtig leed, un he överlegg al lang, wi man wat ännern un dat Blatt noch ton Goden wennen kunn. Dorüm schreev he een goden Dags an´t Kreisblatt. Se schullen folgendet Inserot, dormit Mimi nich överbleev un endlich an´n Mann keem, in´ne nächste Utgoov setten:

„Ich fühle mich sehr einsam und alleine, wer gibt mir Licht und Wärme?"

Poor Doog loter kreeg Mimi twee Toschriften.

Een keem von de Gaswerke un een von de Elektrizitätsgesellschapp.

Gröne Hochtiet

Sund hüüt as joer Frünnen dor,
den Kranz to binnen fallt nich swoor.
Tosomen wööt vergnöögt wi ween,
wiel Hochtiet fiern, is to schöön.
Middeweekmorgen fohrt ji denn,
no de Gemeen mit Peerspann hen.
Warrt vör Gesetz nu Mann un Fro.
Jo, ok jo beiden dröppt dat so!
Obend´s sund wi all worr dor,
bien Pulterobend, wiss un wohr.
De Weg no Kark steiht Freedag an,
warrt segent ji as Fro un Mann.
Mit Kutsch un Peer geiht in´t Lokol,
dor töövt de bunt geschmückte Sool.
Ton Danz speelt op de Blooskapell,
bit annern Morgen warrt al hell.
Dat Glück schall steet to Siet jo stohn,
een lange Leven ween de Lohn.

Keen Unnerscheed

Sien Leevdag weer Jürgen een streevsom Keerl. He arbeit von fröh morgens bit obends loot. Sülms sonndags kreeg he dat af un an noch drock.

Dat dä ok nödig, denn he verdeen nich veel, un siene fief Kinner eten em de Hoor meist von´n Kopp. As he an´n Sonndagmorgen jüst dorbi weer, den Goorn umtogroven, keem de Paster langs.

„Moin Herr Renken", begröött he Jürgen.

„Moin Herr Paster", anter de em.

„Sage mir doch einmal", meen de plietsch, „tut es nötig, heute am Sonntag zu arbeiten?"

Op de Froog tööv Jürgen al lang.

He kunn den Paster nu jo veel vertellen von all sien Geldsorgen, de fief Kinner, för de he sorgen muss, oder wat em sonst op´t Hart leeg. Over dorto harr he keen grote Lust!

He keek kort hoch un meen: „Jo, Herr Paster, dat deit nödig. Ik bün over jo nich de Eenzige, de an´n Sonndag sien Geld verdeent!"

Raatslag

Us Eer de dreiht sik jümmer gauer,
doch liekerveel wat man ok mookt;
bekickst di allns mol genauer,
warrt ok noch hüüt mit Woter kookt.

Nich op anner Lüüd blots kieken,
nich jümmer hetzen un blots jogen.
Ok vör Unrecht niemols wieken,
un wenn´t Not deit, beten wogen!

Wer alltieds so dör´t Leven geiht
Hollt dorbi Huus un Hoff in Schick,
an´n Abend mööd in´t Bett rinfallt,
glööv´t mi, dat nenn ik Glück!

He kunn nich anners

Foken harr Erna de letzten Doog un Weken över de goot twintig Johr nodacht, as se Dirk vör´n Troaltar dat Jowoort geev. Jümmer weller stell se sik dorbi de glieke Froog, wi dat angohn kunn, so lang Tiet mit em tosomen Disch un Bett to delen. De rechte Antwoort keem ehr dorbi nich topass. Worüm weer se nich al lang von em afgohn? Worüm leet se sik över de Johr´n so veles beden? Een Grund seker, wo schull se mit de Kinner blieven? Viellicht fehl ehr ok eenfach de Moot, dat de Lüüd in´n Dorp minnachtig över ehr snacken kunnen. De Arbeit un all Plichten, de Huus un Hoff mit sich brochen, keem se alltieds no, dat kunn ehr keeneen vörsmieten. Dorüm begreep se nich, dat Dirk se all de Johr´n so slecht behannel un ganz selten blots een fründlich Woord günn.

Meist stunn he morgens muulsch op un weer mit sik, un wat em in de Mööt keem, untofreden. Obends gung he siet Johren, foken ohn een Woord to Nacht, fröh un gnägelig to Bett.

Oftmols speel se mit den Gedanken, wenn ehr Kraft an´n Enn weer un se nich mehr in noch ut wuss, trüch in´t Ollernhuus to gohn. Se versoch ok enige mol mit ehren Vadder doröver to snacken, doch kuum dat he

tohör, meen he: „Nich jede Dag is Sünnschien“ un „vörkomen deit överall wat.“
Dorno verleet se de Moot, un se woog nich mehr, mit em över ehr Sorgen un grote Noot to spreken, um sien Menen to hören un op Hülp to hopen.
Mit Mudder gung dat nich, denn de starv fröh bi de Gebuurt von ehr jüngste Swester in´t Kindbett. Teihn Johr tell se domols un muss al ´n Barg Plichten övernehmen, för de se egentlich noch veel to lütt weer.
Denn worr se achteihn. Vadder geev ehr twintig Mark in´ne Hand. Se schull sik op den Fuerwehrball in´t Nobersdorp beten amüseern. An den Obend sä se em dat eerste Mol. He weer groot, mit lange blonne Hoor un keek se in een Tour stillkens von de Siet an.
As de Danzkapell opspeel, stüer he mit flinke Schreed foorts op ehr dool. Mit sien grote, starke Hannen nöhm he se fast in´n Arm. De annern Deerns keken neidisch, doch kreeg se dat vör luder Seligkeit nich mit. As se gegen morgen to Huus ankemen, worr dat buten al hell. An de Butendöör nehm Dirk Erna fast in´n Arm, un strokel sacht över de Backen. As he ehr noch gau enen Söten opdrück flüster he lies: „Dat du mien Leevste büst, dat schallst du weten.“
Vör luder Glück un Opregung kreeg se de heel Nacht keen Oog to.

De acht Doog bit Dirk sik endlich mell, kemen ehr meist as ´ne lütte Ewigkeit vör. So jung un verleevt beid ok weern, heiroden stunn vöreerst nich op´n Kalennerblatt.

Korte Tiet loter mell sik Nohwuss an. Dat weer Grund noog för beide, Pott un Pann tosomen to smieten.

Wat denn bald no de Hochtiet passeer, kunn un wull se nich begriepen. Dirk, mit den se nu ünner een Dack leev, änner sien Wesen von een op den annern Dag.

De Uursook bleev buten vör. Se versoch em allns recht to moken, doch liekerveel wat se anstell un sik sorg, he snack kuum een Woort un gung ehr meisttieds uten Weg. Gor nich verstunn se, dat he nich mol wohrnöhm, dat ehr Kind bald op de Welt komen schull. Se föhl sik dorbi as Moogd op´n Hoff un ween manch bitter Tronen.

Doch een lieke Föör mit em to plögen weer eenfach nich mööglich. He meen denn jümmer: „Ik bün so wi ik bün, un so bliev ik ok."

As de Deern to Welt keem, besoch he Erna eerst dree Doog loter in´n Krankenhuus. Ohn Blomen, un dat he sik to de Lütte freu, kunn man em nich anmarken. As anner Johr de Jung boren worr, bleev he ganz weg. Sien Natuur schien as so´n knorrig Eken, de von Johr to Johr knastiger warrt.

Manch ene Nacht leeg se wook un froog sik, wi lang dat so wiedergohn schull, denn mit ehr Kraft weer se lang an´n Enn.

Denn worr Dirk miteens krank un muss Hals över Kopp in´t Krankenhuus. De Huusdokter harr em ünnersocht un gliek inwiest. Wat se faststellen, weer heel slimm. De Dokters geven em blots noch poor Moond to leven.

Erna snack mit jem, un mit Verlööf kreeg se Tostimmung, Dirk to Huus to plegen. För Erna weer dat Christenplicht. Von Dag to Dag worr he mehr un mehr swack. Se mark düütlich, wi siene Kraft noleet. Dorüm seet se Dag un Nacht bi em an´t Krankenbett. Op eenmol drück he sacht ehr Hannen. Langsom hööl se dat Ohr an sienen Kopp. Kuum to verstohn stammel he lies: „Dat deit mi allns ganz dull Leed. Ik weet, ik heff di mien Leevdag Unrecht doon un much di um Vergeevung bitten."

De Tronen, de langsom de Backen dool lepen, kunn Erna nu nich mehr trüch holen. Se begreep, dat he alltieds gegen sien Natuur nich ankomen weer. Dorüm kunn se to goder Letzt Dirk vergeven un he in Freden to letzten Roh inslopen.

Nich mit mi…

Wenn du de Menen büst, Rentner hebbt unklook veel Tiet, warrt di oft al no´n korten Stremel wies: dat is nich so!
Um over af un an op beten anner Gedanken to komen, kann di bi´t Simmeleren een godet Book helpen.
Nu keem güstern miene Fro no Huus un wull mi vertellen, se harr wat to´n Lesen mitbrocht, wat mi seker interesseer.
Glieks heff ik mi hensett, um den Kroom beten genauer to studeern.
Doch al bien Blädern worr ik helsch stutzig, denn op jede von de eersten Sieden stunn schreven, mit wat för Krankheiten ik de nächsten Johr´n un in´t tokomen Oller reken muss.
Op mien Froog, worüm se mi dat överhaupt in´ne Hand geev, meen se blots: „Du kennst doch den olen Spröök, vörbeugen is beter as helen!"
„Wat schall so´n Tüünkroom", heff ik ehr helsch mulsch antwoort. „Jedet Johr goh ik eenmol in´n Harvst no´n Dokter. De ünnersocht mi gründlich von Hacken bit Nacken, un dormit hett sik dat."
Doch dormit geev se sik lang nich tofreden un meen: „Ik heff dat Blatt von vörn bit achtern dörleest. Dor

steiht ok binnen, för dien toschannen Rüch gifft dat ene Saalv, de helpt foorts no´n Insmeern."
Um den Huusfreden nich op´t Spill to setten, heff ik mi annern Dag dat Wunnermiddel von de Aftheken holt, dormit dat Quesen un Quarken een Enn nöhm. Mi full gliek op, de grote Schachtel pass överhaupt nich to den Pries, den ik betohlen schull. De Tuuv binnen weer so lütt, dat goot un geern noch twee mehr rinpassen.
De Ogen worrn over jümmer grötter, as ik anfung den Papierkroom to studeern. Ohn een Vergröterungsglas to Hülp, kunn ik de lütten Bookstoben unmööglich slau kriegen.
„Du wullt doch wull nich von mi verlangen, dat ik den ganzen Riemelrein dörlees", heff ik to mien Fro seggt.
„Dat deit ok nich nödig", meen se kort anbunnen. „Roop eenfach bien Dokter an, de gifft di bestimmt ´n goden Root."
Dat heff ik foorts doon. De Spreekstunnenhülp an´t Telefon kunn mi nich wiederhelpen. Se meen, dat muss ik sülms mit den Doktor besnacken. Wegen Datenschutz dröff se keen Utkunft geven.
Denn heff ik vörsichtig no enen Termin froogt.
„Falls es kein besonders akuter Fall is, biete ich Ihnen einen in zwei Monaten an!"

As ik dorop vergrellt ut mienen Sessel hoch sprung, knack dat mit eenmol düchtig in´t Krüüz. Kort dorno leten ok de Weehdoog no. Somit weer de Koh von´t Ies.
Ik heff de Salv bisiet leggt, stracks den Termin bien Doktor afseggt un to mien Fro meent: „Mark di dat, mit so´n Oort Böker bliffst du mi in Tokunft buten Huus!“

Moot

Loot di von nüms den Dag verdreten,
wenn´t geiht fang em mit Lachen an.
Fröh morgens kann keeneen al weten,
wat he villicht allns bringen kann!
Dorüm fleit een vergnöögte Leed,
dat deit dien Hart ganz seker goot.
Freu di to jede Stunn von´n Dag,
kiek no vörn mit recht veel Moot.
Dat wat all quält smiet gau bisiet,
un düüster Wulken sund verswunnen.
Dat Himmelstelt lücht hell un kloor,
hest ne´n Levensmoot worr funnen.

SCHRIEVFUUL

Jedet Johr to Ferientiet fohrt Deerns un Jungs von de Karkengemeen för´n poor Doog op Reisen. Ok Emma un ehr Broer Paul moken sik mit op´n Padd. No fief Doog, se weern jüst woller an´t Huus, wull ehr Patenonkel geern weten, wi jem dat gefullen un wat se allns beleevt harrn.

Dorüm schick he ´ne Mail an Paul. Gliek dorno keem de Antwoort. He schreev trüch: „Gut“.

Wiel dat den Onkel nich noog weer bidd he Paul, em dat doch een beten utführlicher mittodelen.

Dat duur nix, un de ne´e Noricht dreep in: „Sehr gut!“, stunn nu to lesen.

Noch eenmol hett de Patenonkel nich nofroogt, denn de tweete Noricht harr jo den duppelten Text.

Papa seggt jümmer...

Se seten tosomen an´n Koffiedisch bi´n Fröhstück. Laura un Broer Oskar leten sik dat Honnigbroot un de Tass Kakao goot smecken. Mudder eet, wi tomeist, mit geneet ehr Müüsli. Grootvadder frei sik to sien Schief Swattbroot mit Mettwuss, de he sik al morgens goot smecken leet.

„Dat schullen ji man ok rinnein, denn dat gifft rejell Knööf in Arms un Been", meen he to siene Enkelkinner. Doch kunn he se dormit nich övertügen.

As all satt weern meen Opa: „Ik mutt noch mol kort no´e Aftheek. De Pillen gegen mien Koppweh sund all."

Dat kregen Laura un Oskar wies, fullen gliek över em her un bedeln, ob he se nich mitnehmen un bi de Spoorkass afsetten kunn.

„Un wat wööt ji dor?", wull he weten.

„De hebbt us anschreven, ob wi nich in den Jugend-Club intreden wööt un een Spoorbook anleggen. Mama un Papa hebbt us Verlööf geven."

Wiel de Kinnergoorn den Dag sloten harr, kunn Opa jem ehr´n Wunsch slecht afsloon.

Gau togen se Jack un Schoh över un setten de Mützen op. Mudder drück jeden twee Euro in´ne Hand un af güngt.

„Ik bring jo no de Spoorkass un hool jo ok weller af, wenn ik von de Aftheek trüch bün."

As de beiden in den Kassenruum treden, sehg de Fro achtern Tresen de lütten Bödels nich gliek. Eerst op Oskar sien lude „Hallo" kreeg se de Kinner to sehn.

„Wat kann ik för jo doon?", froog se.

„Ji hebbt us doch anschreven", anter Laura, „wi wööt een Spoorbook hebben!"

„Dat is goot överleggt", meen de Fro, „ji kennt doch den olen Spröök: „Spare in der Zeit, so hast du in der Not! Manch een meent jo, spare in der Not, dann hast du Zeit dazu! Doch keen so denkt, de kümmt to nix!"

Se sett sik an den Schrievdisch, kreeg poor Bläder ut de Schuuvlood un fung an to frogen.

Toeerst weer Oskar an´ne Reeg. „Wo old büst du?", wull se weten.

„Ik bün letzten Moond fief Johr old worrn."

„Weest du ok, wo du wohnst?", gung de Frogeree wieder. Wi ut de Pistol schoten, ratter he dat dool, ohn bloots eenmool Oten to holen um sik to verpuusten.

Ok de Nooms von sien Frünnen ut´n Kinnergoorn tell he fix op, doch dat schien de Fro achtern Schalter wenig to intresseern.

As se froog, wi Vadder mit Vörnoom heten dä, keem foorts de Antwoort: „Mien Papa heet Matthias."

„Un wi wieder?"

„Dat kann ik di nich seggen." Oskar weer opletzt mit sien Latein an´n Enn. Doch gau sprung Laura em bisiet: „Us Papa heet vörn Matthias un achtern Schmidt."

Somit schien allns sienen goden Gang to gohn, doch in´t Stötern kemen se, as de Fro to goder Letzt weten wull: „Vertellt mi noch gau, wi heet joer Mama?"

Tosomen sinnen se ´ne heel Tiet hen un her, wussen over eenfach keen passen Antwoort.

Jüst as de Fro meen, se muss doch wull even ehr Mudder to Huus anropen, mell sik Laura: „Deit nich nödig, ik weet wi Mama heet!"

„Na denn man to", luster de Anstellte hellhörig.

Foorts krei de Lütte luut un düütlich: „Papa seggt to Mama jümmer Mausi!"

Sssüüüh, dormit weer de Koh endlich von´t Ies.

Den Rest brocht Opa op de Reeg, de jüst von buten in de Kass keem um de Lütten aftoholen.

He geev jeden noch gau fief Euro för ehr Spoorbook, un denn fohren de dree tofreden no Huus.

De Fro achternTresen kunn sik over den ganzen Dag een Smuustern nich verkniepen, so sehr höög se sik to ehr ne´n Kunnen.

De Zeitung

Ok al veel fröher wiss un wohr,
kreeg man sik oftmols in´ne Hoor.
Denn in us bunte, narrsche Welt,
is lang nich allns op´t Best bestellt.
Un siet Johrhunnert gifft dat schoon,
de Minschen joogt no Sensatschoon.

Wenn een mol wat utfreten harr,
man gau em no´n Dorpsplatz tarr,
un weer dorbi keen beten bangen,
em korter Hand ok optohangen.
Hebbt af un an se een verbrennt,
sund all de Lüüd tohopen rennt.
Mit kole Gresen övern Rüch:
„Gott wees Dank, ik bün dat nich!"

Veel is sietdem wull anners worrn,
hett sik verännert mit de Johr´n.
Wat fröher harr een lange Leitung,
hüüt gifft jo jeden Dag ´ne Zeitung.
Fröh morgens, meist al vör´n Opstohn,
süht man em dör´t Dorp lang gohn.
Gau tütt he Jack un Büx sik an,

us Willi kümmt, de Zeitungsmann.
Mit sien Rad is he an Jogen
un allns noch mit leddig´ Mogen.
Fohrt sik dorbi meist ut de tüüt,
wiel op ehr Zeitung töövt de Lüüd.

Wenn Tine denn dat Fröhstück deckt,
un kort dorop ehr´n Hannes weckt,
liggt bien Kaffee, noch ganz frisch,
as eerst de Zeitung op´n Disch.
Dorno warrt sik Schiev Broot opsmeert,
schoon is he halfwegs informeert.
Wi in de Welt gung sienen Gang,
kickt he de eerste Siet sik an.
Em warrt slecht wat dor so steiht,
wi gresig in´ne Welt togeiht.
Sleit flink de annern Sieden op,
blädert se um, meist in´n Galopp.
He will jo gor nich allns weten,
keen de Best bien Königsscheten?
Woveel Farken smitt so´n Söög,
is dat Land natt oder dröög?
Keem de Gemeenderoot tosomen,
schall bald een ne´e Dokter komen?
Hebbt de Footballer goot speelt,

oder sik sachts de Punkte deelt?
Hebbt de Rootslüüd wat besloten,
oder blievt Löcker in´ne Stroten?
Mit woveel bunte Aarntewogen,
sund se dör dat Dorp lang togen?
Bevör allns kümmt ton Lesen ran,
kickt Blatt he eerst von achtern an.

Dor stoht to lesen all de Doden!

As gau de Nooms he överfloog;
stellt he wi jümmer sik de Froog:
„Is keen dorbi, den ik goot kenn,
bruuk no sien letzten Gang nich hen!“
Denn leggt de Zeitung he bisiet,
lett bien Fröhstück sik recht Tiet.
Geiht rut no buten, un he is heel froh:
„Man goot, dat ik nich in´ne Zeitung stoh!“

Harr ik blots...

Heel lang al luern de Ool un siene Fro vuller Hopen op de Noricht. Denn keem opletzt de Dag, woneem ehr Kinner jem mitdelen, dat se nöögst Grootollern worrn. Bannig groot weer de Vörfreud un poor Tronen leten sik nich opholen.

Gerd, de jo nu Opa weern schull, sprung as son opscheuchten Hohn von een Been op´t anner dör de Stuuv. Edeltraud, siene Fro, keek sik dat Spillwark an un schuddel unglöövsch den Kopp.

„Nu over mol langsom mit de jungen Peer", meen se, „is doch sachts nich dat eerste Kind wat boren warrt!"

„Dat wull jüst nich", anter he, „doch du weeßt jo, ik heff noch recht wat goot to moken, denn för us egen Kinner harr ik fröher veel to wenig Tiet!"

„Allns Dummtüüg, wat du dor her kriggst", full em Edeltraud in´t Woort. „Domols weern anner Tieden. Du büst Dag för Dag stüttig dien Arbeit nogohn, un ik heff mi um´t Huus un de Kinner kümmert. Du hest di krumm puckelt, as wi anfungen to boen. Alltieds weer dien Bestreven un Sinnen, us all schull dat goot gohn!"

Doch dat leet de Ool nich gellen. „Ik weet, du wullt mi keen slecht Geweten ansnacken, over liekers heff ik veel versüümt. Keem fröher us Jung un bidd mi Football mit em to spelen, ik harr keen Tiet! Hett us Deern mi af un an mol froogt mit ehr „Mensch arger di nich“ to spelen, heff ik dat afwehrt, mit „keen Tiet!“. Jüst so mit us lütten Schieter. Bo se den Koopmannsloden op, un ik schull bi ehr Inköpen oder ´ne Tass Kakao drinken, mien Leevdag harr ik keen Tiet. Een goden Dags hebbt se mi gor nich mehr froogt. De School un loter de Frünnen bestimmen nu dat Leven. Bi dat stännige Hetzen un Jogen heff ik mi an ehr versünnigt Dat mi dorbi de Tiet weg leep, is mi veel to loot in´n Sinn komen. Domols heff ik mi sworen, schullen wi Enkelkinner kriegen, will ik beten wat goot moken. Alltieds för jem dor ween un nich de Klock den Dag bestimmen loten.“

Halvig Johr loter kregen se Noricht, op de se so lang töven. Een lütte, söte Deern keem op de Welt. Oma un Opa kunnen sik vör luder Glück kuum inkriegen. Gau as de Füerwehr smeten se ehr Sünndagstüüg an, un af güngt in´t Krankenhuus. Bi´t Treppenstiegen stolper Opa Gerd vör luder Opregung un full meist op de Nääs, so hibbelig weer he.

Sacht open se de Döör. Dat lütte Wunner leeg bi Mama op de Boss un sleep deep un fast. In den Ogenblick harr Opa se to geern in´n Arm nohmen un de Tiet anholen,

doch as he den strengen Blick von siene Fro sä, leet he dat lever blieven.
Knapp een Week loter kemen Mama un Dochter no Huus. Von den Dag af an socht Opa jümmer ´n Grund, um de Lütte to sehn. Dat sien Fro em wiesmook, de Deern bruuk barg Roh, kümmer em helsch wenig. In Gedanken drööm he dorvon, mit de Lütte in´n Kinnerwogen dör´t Dorp to juckeln.
As meist veer Weken rüm, keem een Anroop, ob he nich annern Dag de Deern oppassen kunn.
Dat weer so recht no Opa sien Smack. Al vör de Tiet, de em fröher jümmer wegleep, stunn he proot.
Mama harr de Lütte fein warm inpackt, un denn spazeren beide los. Op sienen Weg kreeg he mohnend mit: „Wenn Emma still is, nich blarrt oder rümquest, loot se tofreden un sacht slopen!"
Dat Verlangen intolösen full Gerd over verdammt swoor. All Ogenblick heel he an, treck de Deek von den Kinnerwogen bisiet un keek no´n Rechten. Grien de Deern oder blinzel em to, weer he de glücklichste Opa von ´ne Welt. Ween Emma, vertell he ehr Märchen, de he sik sülms utdach. Hülp dat ok nich, dreih he de Speeldoos so oft op, bit se selig in´n depen Sloop drusel. Dat de een oder anner, de jem ünnerwegens begegen, den Kopp schuddel, weer em liekerveel.

As de Lütte to krabbeln anfung, leeg he oft mit ehr op den platten Footbodden. So spelen se männichmol Stunn um Stunn. Egol ob mit Poppen oder bien Boklötz opstellen, allns weer em recht un nix toveel. Dat oft dat Krüüz bi´n Opstohn düchtig kell, mook em wenig ut un nehm he geern in koop.

De Wöör „keen Tiet", de fröher sien Leven bestimmen, weern em afhannen komen!

Dat Book mit de Kinnerleder kenn he bald buten Kopp, un wenn he Noten ok nich lesen kunn, Emma schien sien Gesang allerbest to gefallen. Ganz narrsch vör Freud worr he, as de lütte Mund kuum noch still stunn un se to babbeln anfung. He weer sik seker, dat eerste Woord wat he to hören kreeg, heet „Opa". Poor Freudentronen, de em sachts de Backen dool lepen, kunn un wull he nich opholen.

De Tiet leep gau, un bald kunn de Deern lopen. Wenn´t passen dä, gungen se no´n Speelplatz neeg bi de Kark. Hier boen se Hüser un Burgen in´n Sandkassen. Emma seet denn geern op de Schaukel un juuchei luut, wenn Opa se deger in Swung brocht.

So verspelen se oftmols de Tiet un kregen Spektokel mit Oma Edeltraud, wenn beide een op´t annermol dat Middageten verpassen.

Denn keem de Dag, un de Kinnergoorn tööv. Emma

frei sik, blots Opa weer trorig. Doch he wuss to genau, dat muss ween!
Nu bleev ok woller mehr Tiet för sien Fro, de oft to kort komen weer. Poor Weken loter keken de Kinner vörbi un geven Noricht, dat se sik op Towass instellen schullen.
Am leevsten weer de Ool bit ünner de Deek sprungen. Doch leet he sik de freudig Noricht nich anmarken.
Stillkens gung he rut un mit langsom Schreed um´t Huus. Dat Hart bit boven hen vuller Glück un Dankborkeit. Sien eenzig Hopen weer, em bleev noch noog Tiet för dat tweete Enkelkind.

Geboortsdag

Hüüt is een ganz besonnern Dag,
us Mudder de warrt negentig Johr.
Un all, de komen as dien Gäst,
graleert von Harten wiss un wohr!

As eerste muchen wi geern seggen,
dat eene Woord blots: „Danke schöön!“
Dorför, dat du in all de Johr´n,
büst jümmerto ganz noh us ween.

Weer liekerveel, wi´t Leven speel,
wenn man di bruuk, du weerst to Stell.
Dat gell för griese, düüster Stunnen,
un ok veel Doog de schöön un hell.

Hest mehr as diene Plichten doon,
de Arbeit worr di ni to swoor.
Un datt dat jung hollt, süht een jeder,
de an dienen Ehrendag hüüt dor.

All Mudder, de von dag sund komen,
wünscht di för´t Johr ´ne gode Tiet.
Gesundheit un veel Sünnendoog,
schallst weten, wi stoht di to Siet!

Stormfast för enen Dag

Stunn fröher dat Aarnt- oder Schützenfest in´t Johr vör de Döör, geev dat to Huus jümmer een grote Holdriho, denn wi Kinner freuen us dor al wekenlang op. Mudder ehr Bestreven weer alltieds, dat wi Kinner ´ne reine Büx un een saubert Hemd ankregen. An so´n Dag schullen wi schier un snicker utsehn.

Vadders Opgoov bestunn dorin, us een poor Doog vörher de Hoor to snieden. Liekerveel wat ok sonst in´t Dorp to fiern geev, he weer för all de Ersatzputzbüdel. Dat keem so ok de Kinner ut de Noberschapp goot topass, denn Geld um to´n Frisör to gohn harr man meist nich.

Keem de Dag nöger, kroom he siene seker verwohrte ole Handmaschien her. De harr över de Johr´n al so manchen Storm beleevt un leeg, inwickelt in Zeitungspapeer, in´t böverste Schapp von sien Warksteed.

Keeneen von us Kinner wull geern de Eerste ween, wenn Vadder dorüm bidd, sik op den klapprigen Stohl buten achtern Schuppen to setten. De Maschien, womit he sien Wark angung, weer nich blots stump. Se luuk uterdem so dull, dat manch een Hoor mehr utreten as afsneden worr.

So passeer oftmols, dat bi den een oder annern ´ne blanke Steed boven op´n Kopp dörschien, wo man no de Prozeduur keen eenzig Hoor finnen kunn. Liekers, Vadder weer von sien Arbeit jedet mol övertüügt un heel stolt, op dat wat he togang brocht harr.

De Krönung von dat Schauspill bestunn over dorin, wenn he to gode Letzt no den Rohmpott lang. Boven op swumm ene knüppeldicke Fettschicht. De stamm von de an den Morgen mulken Keih. Mit beide Hannen düüker he dor in rum un smeer jeden von us mit Geneet den backigen Kroom in´ne Hoor. Achteran kreeg he den uurolen Kamm her, de över de Johr´n al enige Tinken fleiten gohn sehn un wull so manche Luus knackt harr. Dat ganze Spillwark duur teemlich lang, bit de letzte Warbel glatt un schier op´n Kopp leeg.

För Vadder weer dat sünnerlich wichtig, un he geev sik gröttste Möh dormit.

Keen Storm, much he noch so slimm hüsen, kunn sien Kunstwark dörnanner bringen. Wie een Brett ut karnig Holt legen de Hoor stief un platt op´n Kopp.

Over dat Slimmste wat mienen Broer un mi passeer, weer, wenn de Sünn dat goot meen un mit Macht von´n Heven schien. De fette Rohm, wo Vadder us de Hoor mit insmeert harr, worr al no´n korte Tiet suur

un fung gresig an to stinken. Manch een, de us ünnerwegens in´ne Mööt keem, mook ´n grote Bogen um us to oder hööl sik de Neeslöker dicht. Wunnert hett us dat wull, over keen beten stöört.
Kemen wi gegen Obend vergnöögt un mööd an´t Huus, freu Vadder sik wenn he sien Wark bekeek. As Putzbüdel harr he ganze Arbeit leist un dorop weer he verdammt stolt, denn weder Wind noch Weer kunnen us Frisur wat andoon.

SCHOOLTIET

Fröher kreeg man oftmols von de Ollern to hören: „Töövt af, de Dag kümmt un ji denkt geern trüch an joer Kinner- un Schooltiet." Ik kunn dat nich recht glöven, doch weet ik lang, dor is ´n barg Wohres an.
No de eersten veer Johr´n in´ne Grundschool meen de Lehrer, enige in us Klass weern so plietsch, de Middelschool to besöken. Um over opnohmen to warrn, muss man vörher ene Prüfung bestohn.
Vadder arbeit domols bi de Iesenbohn, sonst harr ik gor nich deelnehmen kunnt. So bruken us Ollern keen Tochgeld betohlen. För mi grote Glück, denn slau noog weern ok de meisten annern Mitschöler, over dat Geld weer to de Tiet knapp un somit för jem nich mööglich.
Af April, an´n Anfang von de foftiger Johr´n, sund domols mien Broer un ik jeden Morgen mit Fohrrad 4 km bit no´n Oldenbuttler Bohnhoff fohrt.
In´n Sommer över brocht dat heel Spooß, wenn de Vagels um de Wett fleiten, doch in de teemlich harden Winter weniger. Dormit de Finger nich verklomen un wi keen kohle Fööt kregen, geev dat to´n Fröhstück al Büdelwuss un Knipp. Dat harr Mudder kloor, wenn wi beid mit wuschen Hals in de mollig warme Köök kemen. So weern wi von binnen goot dörwarmt, recht

buuks, un de Tour mit Fohrrad hen no´n Bohnhoff mook us nich veel ut.
De School in Scharmbeck weer neeg bi de domoligen „Reiswerke“. De stunken an manch enen Dag so slimm, dat man de Finster, sülms wenn buten de Sünn von´n Himmel schien, kuum open kunn. Mit frische, gesunne Luft in us Klassenzimmer weer dat somit schlecht bestellt.
Us Lehrer harr ok foken sien Last mit us un wiss nich licht, denn wi Schöler kemen ut verscheden Dörper in´n Kreis.
Trotzdem brocht he för jeden von us barg Verständnis op. Dat af un an mol een düchtig no Mess oder Jauche stunk, keem vör, doch leet he sik dat nich anmarken.
Wi ok hüüttodags bi de Kinner, hör domols Dummtüüg dorto.
An twee Beleevnisse, de mi sülms bedrepen, mutt ik hüüt noch af un an denken un kann mi een Smuustern nich verkniepen.
Wi schullen in Physik ´ne Arbeit över den Veertaktmotor schrieven. Mi worr rein slecht toweg, un ik kreeg ornlich Buukkniepen, denn von Technik verstunn ik so veel as´n Oss von´t Singen. Doch dat hulp mi in den Moment nich wieder.
Ik fung also an, mit mien Bleesticken beten undüütlich

wat optomolen. Ut dat Gekriddel kunn man over enen Motor, ok mit goden Willen, nich klook kriegen. To´n Glück seet Hans-Hermann ut Hüttenbusch achter mi.
De Lehrer pass akroot op, denn wi schullen jo nich schummeln. So kreeg ik kuum wat to sehn, wenn ik mi vörsichtig umdreih um aftoschrieven. Keen Wunner, mien Zensur weer jüst een slechte veer. Doch dormit kunn ik goot leven. Wat mi over arger, weer de Text, de ünner mien Arbeit stunn.
„Dein Viertaktmotor erinnert mich an einen Spirituskocher."
Domols heff ik dat as ´ne grote Frechheit ansehn, doch ut hüütige Sicht mutt ik em Recht geven.
Bi de Abschlussarbeiten an´n Enn von de teihnte Klass mussen wi in Englisch enen Opsatz schrieven. Blangen mi seet Gerlinde ut Lox´. Ne verdammt söte Deern. Keek ik no de Siet kunn ik sehn, wi se ehren Rock langsom de slanken Been hoch schööv. Dor harr se den Schummelzeddel versteken.
Dat hett mi teemlich ut de Fassung brocht, denn mien Ogen sochen jümmer woller ehre smucken Been. Ob de Zensur dorünner leden hett, weet ik bit hüüte nich. Doch dä mi dat opletzt keen Schoden, denn mienen Abschlusstüügnis heff ik kregen.

Denk ik af un an trüch an miene Schooltied, kann ik mit Fuug un Recht seggen, dat weern schöne Johr´n, an de ik mi geern erinnern do.

Dorp in´n Düvelsmoor

In´n Düvelsmoor is kortens ween,
hier fiert man een Jubiläums-Fest.
Dat ganze Dorp weer op de Been´
un uterdem ok recht veel Gäst.
Doch so wi hüüt is´t eenst nich ween,
as anfung man wat optoboen.
Blots de mit Moot kemen hier her
un bruken barg von Gottvertroen.
Von wo de Noom Osterso´ her kümmt,
weet bit vondoog keeneen genau.
Von Torfsoden oder von Sood,
villicht ok von ´ne lütte Au´.
Von de Kanzel in Karktimk´ hendool,
hett de Paster kund eenst geven,
wat bekannt as Rummeldeysmoor,
dor worrn 25 Kolonate utschreven.
Meist 50 Lüüd hebbt sik domols meldt,
Jedeen von jem mit recht veel Moot.
Doch wat de Siedler hebbt vörfunnen,
kunn nüms ohnen, un dat weer goot.
Dat Los mit Nr. 10 full op Claus Rugen,
sien armselig Hütt hett he 1760 betogen.
Opboet ut Barken, Plaggen un Heid,

keen so wat Huus nöömt, hett seker logen.
Man töög Grüppen, Gröben un steek Torf,
von Sünnopgang bit deep in´ne Nacht.
Dat düsse harte Arbeit bannig swoor,
harrn de Siedler wiss so nich bedacht.
In´n Fröhjohr 1761 bo he sik ´ne lütte Kaat,
den Gevel no Oosten gegen Regen un Wind.
Wo he tosomen mit Fro un sien Kinner,
dorto beten Veehtüch, intogen sünd.
Afgoven bruuk man negen Johr nich betohlen,
denn man kunn den Meyerbreef kopen.
För negen Doler worr de Steed sien Egen,
so is´t vör 250 Johr´n in´n Moor aflopen.
Blots ganz lütt tellte de Veehbestand,
doch weer´t de Grundstock to´n Överleven.
Denn de 45 Morgen, de man todeelt bekeem,
allns Öödland, kunnen kuum wat afgeven.
Mit fieftacken Hoken worr de Heid utreten,
barg Tronen un Sweet wisch man sik af.
Von Morgengroen bit obends hen loot,
güngt Dag för Dag över stüttig in´n Draff.
J. Chr. Findorff hett de Siedler hulpen,
verkloor jem, wi man de Feller bestell´.
Dat bedüüd, dat de Lüüd so no un no,
ok sülms kemen to´n beten egen Geld.

De Moorkatechismus ut 1767 is von em,
dor steiht beschreven wat allns vermeten.
Bruuk man Root, weer he gau to Stell,
Bit hüüte hett man em dat nich vergeten.
Bookweten un Roggen worr veel anboet,
so kunn man sik un dat Veeh versorgen,
un dacht nich stännig bi Dag un Nacht,
wi geiht dat wieder den annern Morgen?
As Groben, Konol un een deel Brüchen fardig,
brocht man den Torf mit Schipp no Bremen.
Ene Mööglichkeit, dör slauet Verhanneln,
af un an mol beten Bores intonehmen.
Wat man domols Dag för Dag hett eten,
dor strüüvt sik noch hüüt so manche Tung.
Geev „Warmbeer", foken „Janhinnerk"
un veelmols de Week ok „Swatte Jungs".
„Bookwetenpannkoken" dat Hauptgericht,
eet man morgens, middags un obends loot.
Söben mol de Week, ok to jeden Fierdag,
over keen is krüüsch, wenn de Hunger groot?
Stunn de Wintertiet denn vör de Döör,
legg man de Hannen nich in´n Schoot.
Bo Kummen, flocht Kiepens un Körv ut Stroh,
Reep ut Hanf, un ut Barken holten Schoh.
In´t Johr 1770 weer dat endlich so wiet,

de eerste Schoolmester keem no Osterso´.
Nu schullen de Kinner ornlich wat lernen,
doch doröver weern se överhaupt nich froh.
An den so nöömten „Reihedisch“,
kreeg de Mester Huus bi Huus sien Eten.
Dat wessel stännig von Week to Week,
Op de Oort kreeg he wat rejelles to bieten.
De Ünnericht gung von Martini bit Oostern.
Dat Schoolgeld brochen de Ollern tosomen.
In´n Sommer arbeit he meist op de Geest,
he muss jo jichtens över de Runnen komen.
Starv ener, geev´t foken een grote Problem,
wenn bi Regen un Snee dat Moor afsopen.
Duur oft poor Weken, denn gungt to Kark.
No “Hambargen” muss man to Foot hen lopen.
Ok de „Kuhster“ muchen de Moorlüüd nich.
As „Landesuntertanen“ weern se jem to gering.
Von dor af hör man to de „Gnarrnburger Kark“,
dat is ween, as jüst dat Johr 1790 anfüng.
All Lüüd de hier leven harrn dat recht swoor,
denn op de Geest tell man se blots as 2. Klass´.
Seker is dat lang vergeven un vergeten,
dat Gode is, över allns wasst ok weller Gras.
Wo man politisch to hör, weer lang nich kloor,
in´t Johr 1885 geev man dat bekannt.

Sietdem hört „Osterso“ to´n Kreis „Osterholt“,
inmitten von´t schöne Neddersassenland.

Hier steiht beschreven, wi dat eenst weer,
as de Moorkultivierung sien Anfang nöhm.
Geev seker noch´n barg mehr to berichten,
wat över de Johren is passeert sietdem.
Doch fastholen mutt man op jeden Fall,
de harte Arbeit fröher hett sik lohnt.
„Osterso´“, is hüüt een lütt smucke Dorp,
wo Jedereen geern leevt un wohnt.
Wööt hopen, much´t noch lang so blieven,
dat sik all Dorpslüüd goot verstoht.
Is dat de Richtschnuur, denn is seker,
deelt man ok in Tokunft Freud un Not!

SCHILLERWALD

Geern fohren Hemmann un Adele, wenn´ t passen dä, een lütte Tour mit ehr Auto dör us wunnerschöne Landschapp. Liekerveel, ob no Noord oder Süüd, gifft dat manche Steed, wo sik dat afsluut lohnt, antoholen un sik beten umtokieken.

Fast steiht over, dat bringt jem siet enige Tiet keen richtige Spooß mehr. Denn mit een Oog stännig mol no links oder rechts plieren, kann di de Freud degern verdreten.

De Uursook sund de velen Verkehrsteken, womit man de Stroten Johr för Johr mehr un mehr vullploostert. Dorüm brummt di bien Fohren meisttieds de Kopp.

Kortens passeer nu, dat de beiden op hunnert Meter fief verscheden Schiller op Sicht kregen.

De Froog stell sik jem, wenn du de all beachten schallst, wi kümmt man liekers dör den stännig tonehmenden Verkehr seker an´t Ziel? Dorbi muss di uterdem gehörig in Acht nehmen, dat du Brems un Gaspedol nich miteens vör luder Opregung verwesseln deist.

Oppassen muss du ok op de velen Slaglöcker! Kicks blots no de Schiller, hest amenn de depen Lunken översehn, de di enen Besöök in´ne Warksteed garanteert.

Dat bedüüd meisttieds, dat no een Utfohrt wiss een Deel an dien Auto klötert.
De beiden sund sik dorüm nu enig worrn, dat Adele, wenn´t heel to slimm kümmt, Hemmann kort un bünng Anwiesung gifft, op wat he allns to achten hett. Doch de grote Lösung weer dat ok nich.
Denn bi de verscheden Tempoövertreden von foftig, söbentig, hunnert, muss di blots eenmol versehn, un schon hebbt se di bien Moors to foten. Dat is Hemmann un Adele vör´n poor Weken passeert.
Adele harr al een stieve Nacken von´t stuure Kieken un sik den Mund meist fusselig snackt. Eenmol passeer nu, dat se utversehn´s statt söbentig hunnert ansegg. Dat jüst an de Steed een Blitzer, fein versteken achter poor Barkenbööm stunn, harr se in den Ogenblick nich wies kregen.
Knapp veerteihn Doog loter leeg een Breef von´n Landkreis to Huus in´n Postkassen. Dorop dat Bild von ehr Auto un de Opforderung, Hemmann schull wegen „Verkehrswidrigen Verhaltens im Straßenverkehr" ´ne Stroof von 35,00 Euro betohlen. Dat jem dat gell, kunnen se slecht afstrieden, denn op dat jüst nich schöne Bild kunnn man se düütlich erkennen. De Ool Hemmann versluuk sik fast, un binoh kemen em dat lecker Stück Torten un de Tass Tee op den Schreck in´ne Mööt.

Teemlich vergrellt sett he sik gau hen un schreev enen Breef an´t Amt.
„Da ich gezwungen war, beim Fahren auf die vielen Schilder am Straßenrand zu achten, bitte ich Sie, den an meinem Auto festgestellten Schaden, der durch die vielen Schlaglöcher entstanden ist, zu ersetzen."
De Posttosteller hett wull nich de richtige Afdeelung op´n Amt utfinnig moken kunnt, oder een Beamter harr jüst de Süük, denn bit ton hüütigen Dag töövt he op Antwoort.
Um in Tokunft so een Mallöör ut´n Weg to gohn, hoolt de beiden, wenn se ´ne Tour dör us wunnerschöne Landschapp ploont, de Fohrrööd ut´n Schuppen.
De Streck de se bereist, is nich mehr so wiet as fröher. Doch fast steiht, se kriegt veel mehr to sehn, doot wat för ehre Gesundheit un bruukt keen Bang to hebben, enen Breef mit Bild un Reken to kriegen.

Swattbrot mit Hasselnööt

Hüüttodags kann man jo veelerlei beleven, wat een af un an meist von´n Hocker smitt. So gung dat mien Fro un mi vör een poor Doog, as wi tosomen an´n Obendbrotdisch seten.

„Hier“, meen se, „lang to, wööt doch mol sehn, wi us dat Swattbroot smeckt. Heff ik hüüt Morgen köfft. Se hebbt bien Bäcker wat ne´t utprobeert. De Deeg besteiht angeevlich to Hauptsook ut Roggenvullkoorn un Hasselnööt. So hett mi dat de Verköperin vertellt!“

Oft kümmt dat nich vör, over dit Mol heff ik mi den „Todotenzeddel“ beten genauer ankeken. Glöövt mi dat, um een Hoor weer ik trüchoors no achtern sloon, denn dor stunn to lesen: „Kann auch Spuren von Fisch enthalten!“

Mi keem dat vör, as seet ik in enen verkehrten Film. Doch ok bien drütten Mol studeern jümmer noch de glieke Text: „Kann auch Spuren von Fisch enthalten!“ Ik heff mi de Froog stellt, wat hett Fisch överhaupt in Swattbrot to söken?

Endlich bedeent weer ik, as miene Fro no´n korte Tiet mit grienen Gesicht meen: „Wenn al in´t Swattbroot Fisch binnen is, denn loot wi de Matjes för de Braatkortüffeln hüüt Middag in´n Köhlschrank.“

Foorts mark ik, wi mien Blootdruck in de Hööcht gung. Doch wat harr dat hulpen? Ik heff blots noch mit´n Kopp schuddelt, lever still swegen un mi gau ´ne Schief Graubrot mit Lebberwust opsmeert.

TIET IS ENDLICH

Gode veerteihn Doog weern´t wull her, as de Dokter Fritz to Bett schick. He vermohn em, op sien Wöör afsluut to hören un jo nich lichfardig dormit umtogohn. Wat em von de Been brocht un swack mook, sä no een swore Lungenentzündung ut. Mit so wat weer nu mol nich to spoßen.

Doch full Fritz dat teemlich swoor. Sien Leven harr bither meisttieds ut Hetzen un Jogen bestohn. Sik af un an mol beten togeven, weer för em een Fremdwoord.

As em dat no´n gode Week wat beter gung, he endlich in sien warme Stuuv sitten kunn un no buten keek, fung he dat Grüveln an. Langsom lepen de Levensjohr´n vör em af. Dorbi full em de Spröök von sien Mudder in, den he fröher oft noog to hören kreeg: „Mark di dat, du kannst veles beter aftöven as aflopen!"

Em worr mit eenmol kloor, dat in de poor Wöör ´n barg Wohrheit steek.

„Heff ik mi dorno richt?", stell he sik de Froog. Doch liekerveel wat em in´n Sinn keem, de Antwoort heet nee! Von lütt an, wo de korten Been een kuum drägt, bit in´t hoge Oller, weer he vuller Unroh.

As Kind harr he luurt un sik dull freud, as de eerste Schooldag anstunn. Doch dat heel nich lang vör, un de Lust to lernen leet recht bald no.
Sien Menen weer, de Lehrer dachen all, se weern slauer as de Kinner. Dat harr Fritz överhaupt nich toseggt.
Dull freu he sik dorüm, as endlich de Lehr anfung. Mit achteihn mook he den Föhrerschien. Liekerveel op wecke Danzdeel an´n Wekenend de Musik speel, he stunn fröh proot un eerst, wenn de Kapell vör Dau un Dag inpack, gung he as Letzt no buten.
Geern kutscheer he mit siene Fründin dör Wald un Heid. Oft kemen se eerst an´t Huus, wenn de Tank bit op den letzten Druppen leer weer.
Een goden Dags nehm he sien Hart in beide Hannen un froog, op se nich den wietern Weg tosomen gohn wullen. Se nickkopp em freudig to un se besloten to heiroten.
Dat duur nich lang un Nowass mell sik an. Fritz un siene Fro kunnen de Tiet kuum aftöven, bit ene lütte, gesunne Deern to Welt keem. Knapp twee Johr loter worr de Jung boren.
Doch ok jetzt günn he sik kuum Roh. Stännig stunn he ünner Damp. Sien Bestreven weer alltieds, de heel Familie schull dat goot gohn.

Siet korten weer he nu sülms Rentner, de Kinner lang´ utflogen, verheirot un buten Huus. Siene Fro un he töven vuller Ungeduld op dat eerste Enkelkind. Doch dat leet op sik töven.
Stännig mohn se em, dat beten langsomer antogohn. Villicht muss he sonst dormit reken, se gor nich mehr in´n Arm nehmen to könen.
Eerst de Krankheit un de düütlichen Wöör von´n Dokter harrn em nohdenkern mookt. Em weer to Sinn komen, dat allns op us Eer endlich is. Keen sik stännig vörbirennt un nicht to Roh kümmt mutt weten, Tiet lett sik nich trüchdreihen.

Dor footst di an´n Kopp

Wat een af un an in´ne Mööt kümmt un du meist Dag för Dag to hören kriggst, kann di mitünner in´t Grüveln bringen. De Gedanke quält een, is dat mööglich, oder büst nich mehr recht op de Hööchd un leevst al achtern Moond? Fast steiht over, dat gifft reinweg nix, wat nich doch geven deit.

Schick di dien Mudder as lütte Bödel to´n Inköpen, schreef se op´n Zeddel wat se bruuk. Man hett goot henhört un sik´t so markt. Dat heet denn, bring mi een Pund Zucker mit, twee Pund Solt, een Liter Melk un dat Een oder Anner, wat jüst in´n Huushalt fehl. Gliek wuss de Koopmann Bescheed. He socht de Saken tosomen un stell se op den Lodendisch. Man betohl un af güngt no Huus. Kinners, wat hett sik dat in de Johr´n ännert!

Hüüttodag is dat al lang nich mehr so. Meist schrieft se di op een grote Blatt Popier, wiel du jo angeevlich beten vergeetlich büst, den ganzen Riemelreih´n op. Spooß bringt de Kroom nich, denn wat fröher de Höker mook, muss du nu sülms mit Utduur tosomen söken. Dusende von verscheden Artikel un Sorten stoht in de manchmol twee Meter hogen Regole von de Supermärkte. Büst to lütt, bruuks meist ´ne Trittledder,

büst to groot kellt di noch acht Doog loter dat Krüüz von´t stännige Rümkrabbeln an ´ne Grund.
Uterdem kriggst as Mohnung mit op den Weg, blots gesunne Soken intoköpen. Ok op de Priese un de velen Todoten schall man genau kieken. Dorför bruuks in´t Oller ´ne gode Brill. Ohne Spekulieriesen un Hülp büst verloren. Helpen kann di dorbi goot een Vergröterungsglas, wenn dat denn insteken hest! Ohn Abitur versteihst ok veel nich, wat al so ganz lütt schreven steiht. Uterdem mookt een de Luutspreker ramdösig, de stännig op de velen Sonnerangebote henwiest. Egentlich nich nödig. Dör de vele Reklaam, de di Week för Week in´t Huus weiht un den Postkassen överlopen lett, hest al Tiet noog hat, de Priese to verglieken.
Fallt di dat Koppreken swoor, kann een Taschenrekner helpen. Grote Probleme gifft dat oft, wenn du nich op dat richtige Gewicht kümmst. In de een Packung sund 420 gr. in de anner blots 280 gr. Mitbringen schall man genau een Pund. Worüm hebbt de Paketen un Tuten all verscheden Grötte un Gewicht? In dien Kopp will dat nich rin. Doch weet jeder, mit „Speck fangt man Müüs!"
Froogst in´ne Not enen Verköper, falls ener överhaupt to sehn is, mustert de di oftmols mit muulsch Gesicht.

Dorbi kickt he unglöövsch, so as weerst du teemlich dösig un von´n annern Steern.
De Höhepunkt von dat Inkooptheoter is over, wenn man an´t Huus kümmt un to hören kriggt, wi lichtfardig man dat Huushaltsgeld verreidelt hett.
Mit so´n Aaskroom verdarvst di mitünner den schönen Dag. Doch lang een muulsch Gesicht moken lohnt nich, denn, anner Week schickt se di seker weller op Inkoopstour.

Dat drütte Oog

As Willi Rentner worr, düüs he mit sien Fohrrad jeden Dag dör´t Dorp. Lang harr he sik dor op freud. Tiet speel jo nu för em keen Rull mehr, denn dat beten, wat he in Huus un Goorn fardig pusseln muss, kreeg he gau trecht.

Keem em een in´ne Mööt, steeg he meisttieds af, um een lütten Klöönsnack to holen. So wuss he steet över allns Bescheed, wat as Dorpsklatsch jo wiethen bekannt is.

Bi jeden Halt vertell he, wat em to Ohren keem geern wieder, so dat an un för sik keeneen von de Dorpslüüd een Dagblatt bruuk. Kloor heel he so männigeen bien Snack över´n Goorntuun von sien Arbeit af, doch dat jöök em wenig.

As Nober Jan em kortens dreep un froog, wie´t so angung mit dat Rentnerleven, meen he: „Mi geiht dat goot. Ik kann nich klogen. Doch mutt ik di seggen, de leve Gott hett den Minschen jo teemlich goot to schick kregen, blots achtern an´n Kopp harr afsluut noch een drütte Oog hört!"

Op Jan sien Froog, wi he op so´n Infall keem, dreih he vörsichtig den Kopp bisiet un wies op ´ne grode Buul, de gleinig root dör de letzten spiddeligen Hoor an sienen Achterkopp to´n Vörschien kemen.

„As ik op´n Böhn an Hauafloden weer, heff ik mi bien Trüchpedden gehörig den Kopp an den dicken Ekenbalken stott“, vertell he em.
Jan hett sik dat Mallöör ankeken un em toplicht, dat in den Ogenblick een drütte Oog wull sinnvull ween weer. Wi over de Lösung utsehn kunn, de Antwoort is he em schullig bleven!

Af un an Besinnen

Wat geiht dat doch op use Welt blots asig to kehr? Düsse Froog stellt man sik jümmer weller wenn man wohr nimmt, wat Dag för Dag allns passeert. Dat Geföhl warrt man dorbi nich los, de Minschen koomt mehr un mehr von´n rechten Weg af. De goden Vörsätz, de sik jeder vörnimmt un umsetten will, smitt man oft no´n korte Tiet över Boord. Bi all dat Hetzen un Jogen kümmst kuum to´n Oten. Wecke Lüüd wünscht sik, de Dag harr 25 Stunnen un de Week acht Doog. Um poor Wöör to snacken oder mol een lütten Stremel binnen to holen, tellen fröher tominnst de Mahltieden. Over ok de warrt hüüttodags mehr un mehr verramscht. Dat Eenzige, wat jeder hett, is keen Tiet. Woto streevt man egentlich von morgens fröh bit obends loot? De heel Familie an enen Disch to kriegen passeert foken blots noch, wenn een Fierdag ansteiht oder dor is een storven.

Froogt man af un an den Fründ oder Nober wi he kloor kümmt, kickt de deepdenkern un mit Koppschüddeln op di dool. Schall dat de Sinn von´t Leven ween? Schullen wi an den Tostand nich wat ännern, so lang noch Tiet blifft? De Barg, den wie vör us herschuuvt, warrt so höger un grötter. Dör dat ewige Jogen un stännig gauer vörrut, nehmt de Krankheiten un Gebreken, de fröher meist fremd weern, mehr un mehr to. Bit op de Pillendreiher un Aftheker hett keeneen wat dorvon.

Ut de Kinnertiet kennt de ollern Lüüd noch, dat man sik tominnst to de Mahltieten dreep. Ok de Fierobend weer wichtig. Man sett sik tosomen un besnack, wat de Dag brocht harr. Opa smöök denn geern sien Stumpen mit Geneet oder he kau op sienen swatten Krusen. De Stuuv weer oft so vuller Qualm, dat man Last harr, sien Gegenöver to sehn. Dat geev ok noch keen Flimmerkassen, dorüm lees he de Neeigkeiten ut de Zeitung vör. So worr jeder wies, wat sik in de Gemeen, den Kreis oder de domols lütte Welt afspeel. Oma nöhm dat Knüttüüg bi de Hand oder strick so lang, bit ehr vör Möödigkeit de Ogen tofullen. Ansonsten luustern beide, wat dat to vertellen geev. Dorno leggen se sik in ehr lütte Butzen to´n Slopen. So seet man oft stunnenlang bieenanner. Düsse Tiet much keeneen missen.

Winterdags drepen sik de Noberslüüd to´n Nödigen. Man besocht sik afwesselnd bi gode Eten un Drinken. Dat worr pleegt, denn de Noberschapp stunn ganz boven an. Man hulp sik bi Dag un Nacht un deel tosomen Not un Freud.

Dat bedüüd nich, dat man de olen Tieden trüch sehnt. Over mol kort binnenholen un bedenken, ob in de hüütige, hetzige Tiet allns beter is, dröff een jo mol frogen.

WEYERBARG

In´t schöne Neddersassenland
bekannt al siet veel hunnert Johr,
nich wiet af von de Woterkant,
liggt een lütt Dorp in´n Düvelsmoor.
Vörbi an Moor, Heid un Weid,
flütt still de Hamm´ dör´t platte Land,
un mittenmang een Künstlerdorp,
dat över Grenzen hen bekannt.
De witten Wulken un de hoge Himmel,
hett vör lang´ Tiet all Moler ropen,
un in´ne ganze Welt berühmte Lüüd,
hebbt op den Weyerbarg sik dropen.
Fritz Mackensen, he weer de Eerste,
em folgen Vogeler un Modersohn.
Se molen wunnerschöne Biller,
de wiethen um de Welt sund gohn.
Ok Hans am Ende un Paula Becker,
dorto Fritz Overbeck is komen.
Carl Vinnen hett hier fliedig schafft,
een Grund för´t Dorp sien gode Nomen.
Schrieverslüüd wi Rilke, Hausmann,
hebbt hier geern ehre Arbeit doon.
Andoon von Landschapp un den Himmel,
sund se mit Wehmut von hier gohn.

Doch uter barg verscheden Künstler,
de den Weg no hier hebbt funnen,
gifft dat noch veel anner Soken,
de jedeen schull ok mol erkunnen.
„Dat Huus in´n Schluh“, de „Barkenhoff“,
de „Zionskark“, de „Bohnhoff“, de ool „Möhl“,
„Kunstschau“, „Kunsthall“ un „Keesklock“,
ok Galerien un Museen süht man veel.
De Torfschipp warrt in Schlußdorp boet,
loodt in to ´ne Utfohrt op de Hamm´.
Boven op´n Barg de „Neddersassensteen“
von wo man över´t Moor wiethen kieken kann.
As Inschrift vör dat „Cafe Worpswede“,
dör „Bernhard Hoetger“ steiht to lesen:
„Wer´t mag, de mag´t, und wer´t nich mag,
de mag´t jo wull nich mögen.“

Ok hüütt noch dröppt man vele Künstler,
de bi ehr dääglich Arbeit sund to sehn.
Se föhlt sik wohl, hier is nu ehr to Huus,
wööt hopen, schullt noch lang so ween.
Dat Künstlerdorp, de „Weyerbarg“,
een ganz besonnern Placken op de Eer,
un Jeder de dat Dorp as Ziel mol nohmen,
kümmt sekerlich geern weller her!

VERDREIHTE TECHNIK

Vele Maand al leggen Helga un Fritz iesern jeden Groschen bisiet un sporen op een egen Auto. Opletzt harrn se dat Geld tosomen. De beiden wohnen an´ne Kant von´t Düvelsmoor in so´n lütte Kaat. Von de grote, wiede Welt harrn se bither kuum wat to sehn kregen. Nu wull Helga to geern eenmol an´t Woter, an´ne Nordsee. Dorvon drööm se al lang.

An enen wunnerschönen Maidag moken se sik op de Reis. De Sünn schien von´n blauen Heven un de Vagels fleiten vergnöögt een Leed.

Se weern wull jüst ´ne gode halvig Stunnen ünnerwegens, dor passeer dat Mallöör. Kott vör Bevers´ bleev dat Auto batz stohn. Fritz steeg ut, gung stracks um´t Auto, mook de Kühlerhuuv open un meen kott dorno: „Helga, ik glööv, de Fehler is funnen, de Sprit is all!"

Se keek helsch verbaast un sweeg een Ogenblick still vör sik hen. As se sik endlich berappelt harr un langsom to sik keem, keek se Fritz trohartig an: „Mien leve Mann, ik mutt di al weller mol bewunnern.Wat hest du doch Ohnung von so´n verdüvelte Technik. Wenn ik an´t Stüür seten harr, ik weer eenfach wiederfohrt!"

Aarntfest

De Moonden loopt, mit ehr de Tiet,
dat Johr bald rüm, is worr sowiet.
De Klock sik langsomer nu dreiht,
wiel beten sachter man´t angeiht.

De Buern hebbt bi Wind un Weer
von morgens fröh bit obends loot,
afrackert sik op Feld un Eer,
dormit de Minschen geiht dat goot.

Un wenn an´n Enn de Arbeit doon,
dröff man dat Fier´n nich vergeten.
Tosomen all ok mol utrauhn,
danzen, klönen un goot Eten.

Wenn morgen de Sünn schienen deit,
stoht barg Dorpslüüd an´ne Stroot.
Sund dankbor, hebbt dat Hart vull Freid,
denn lieden mutt keeneen groot´ Not.

ANDENKEN

Wenn sik de lütte Marie mit ehr Ollern to Besöök anmell, weer´n Oma un Opa vör luder Opregung un Vörfreud al enige Doog vörher rein hibbelig. Dat leeg ok doran, se harrn blots een Enkelkind, un de Lütte wohn wiet af in´ne Stadt.

Kuum weer de Wirbelwind dor, keem Leven in´t Huus. Veel vörnehmen bruken sik de beiden Olen nix, denn Marie heel se von morgens bit obends stännig op Trapp.

Jeden Vörmiddag mook se sik, gliek no´n Fröhstück, mit Opa op´n Padd. Bi Nober Schröder kunn se stunnenlang tobringen, ohn´ dat se Langwiel kreeg. Geern keek se in´n Swienstall un amüseer sik düchtig över dat Grunzen von de söten, verspeelten Farken. Opa bruuk jümmer veel Gedüür um se dorvon lostoiesen, denn Oma luur oftmols al ungedullig mit Middageten.

Nomiddags keken de beiden in´n Höhnerstall um to sehn, woveel Eier in´t Neest legen. Geern heel se sik over in de Kööк op. Hier keek se Oma över de Schuller, wenn se enen leckern Botterkoken back. Dat Beste för Marie weer jümmer, wenn se ton Sluss den Pott utlicken dröff.

Wat een goden Morgens passeer, brocht Oma nu vullstännig ut de Fassung. Se weer jüst in de Boodstuuv togang, as Marie neeschierig dör´t Döörlock keek. De Lütte harr nipp mitkregen, wi Oma dat Gebiss över Nacht in´t Woterglas legg. Foorts wull se weten, wat dat dormit op sik harr.
Oma weer rein bestott. Se överlegg enen korten Stremel un vertell Marie, dat sowat in´t Oller vörkeem. De Luft bleev ehr over rein weg, as de Lütte froog: „Oma, wenn du tot bist, darf ich die dann haben?"
Oma fung dorop deger to Puusten un Stötern an. Gau sett se sik op´n Stohl, um sik von den Schreck to verholen.
Endlich weller bi Oten, froog se Marie: „Was willst du denn mit meinen Zähnen?"
Plietsch, as de Deern nu mol weer, keem foorts de Antwoort: „Oma, die möchte ich von dir als Andenken haben!"
Ob dat een goden Dags so kümmt, weet keeneen, doch Oma hett ehr ohn´ lang to överleggen, dat Gebiss fast toseggt!

UNRECHT

Wat is de Welt vull Larm un Striet,
weer kann dat noch verstohn?
De Klock sleit gau, is hööchste Tiet,
warrt seker böös to Enn sonst gohn.

Wenn wi nich bald begriepen doot,
wat op us Eer löppt ungerecht,
kümmt jedereen in grote Not,
un allen geiht dat dorbi slecht.

Barg Minschen leevt in Goot un Geld,
un meent bi sik, ach is dat schöön.
Vergeet, barg Lüüd sund slecht bestellt,
kunn Delen nich een Utweg ween?

Wenn jedereen sien Arbeit harr,
sien Utkomen un dääglich Brot,
geevt veel mehr Freden op de Eer,
barg Dankborkeit un wenig Not.

Oh, haue, haue, ha

Endlich harr dat lange Luurn een Enn. Helmut von´n Lunzendamm mook sik mit sien Fohrrad op´n Weg no´n Paster. Sien Hart sprung över vör Freud, denn siene Fro harr em gesunne Twillinge schenkt. De wull he nu in´t Karkenbüro anmelln. As se den Papierkroom trecht hebbt, fröög em de Paster, ob he nich över dat Gottesgeschenk ganz un gor glücklich un tofreden weer.

„Ne Herr Paster, ganz un gor kann ik nich seggen", meen Helmut mit grienen Gesicht. „Wat to veel is, is to veel, und wat to minn is, is to minn. Miene Fro hett twee Kinner kregen, over us Söög blots een Farken!"

Allns in Moten

Bi Kinner is ganz groot in Mood,
wat lecker sööts ut Schokolood.
Kreeg de lütt Dirk mol wat tofoot,
vergeet de Bengel jedet Moot.
In eenst neih´ he de Tofel weg,
al kort dorno güngt em heel slecht.
Sien Lief, dat dä em düchtig weh.
Keen Druppen hülpen un keen Tee.
Dorüm kneep he de Benen tosomen,
is knapp noch bit „Tant Meier“ komen.
Hier seet he nu un hoff ganz dull,
dat endlich wat passeren schull.
Egol wi he sik röög un drück,
de Schokolood wies sik keen Stück.
In´ne Hand hööl he dat Ünnerhemd,
denn quer seet wat un düchtig klemm.
As he sien Mudder ropen hör,
wiel Middageten fardig weer,
bolk he torüch: „Op jeden Fall,
Mama, glieks gifft een luden Knall.
Denn in mien Buuk is dat an summen,
ik hör´t rumorn un düchtig brummen.
Stell op den Disch mien Middageten,
doch eet ik hüüte blots een beten!“

Kinnermund

Wat höög sik Oma Margrit jümmer wenn se Noricht kreeg, op ehr lütte Enkeldeern Gesche optopassen. Alltieds weer denn barg Leven in´t Huus, wiel de Lütte Oma ornlich op trapp hööl. Mit ehr knapp 5 Johr´n suus dat Göör hen un her, so dat Oma grote Möh harr, de Deern nich ut de Ogen to verleren.

Mol muss se för´n korten Ogenblick buten Huus um wat to besorgen. Gesche kreeg mohnend mit op den Weg, afsluut in´ne Stuuv to blieven, denn de Lütte harr sik düchtig verküllt un Halsweh ploog ehr. Oma socht gau Speeltüüg un enige Billerböker trecht, dormit ehr de Tiet nicht all to lang worr. Denn vermohn se den lütten Racker, op kenen Fall an de Huusdöör to gohn, falls mol een klingel. Dat versprook Gesche ok hooch un heilig.

Doch Oma weer knapp buten Huus, as sik wat an de Huusdöör dä. Gesche kreeg dat mit, doch bleev se still un röög sik nich. Wi Kinner nu over sund, överkeem ehr doch de Neeschier. Langsom sleek se no de Döör un reep luut: „Bei uns ist keiner zu Hause, und ich bin auch nicht da!"

As Oma een Ogenblick loter trüch keem, wull se eerst mit Gesche, de vertell wat passeert weer, schimpen.

Doch dor keem nix no, denn as de lütte Schieter se trohartig ankeek, harr se lang allns vergeven un vergeten.

AFSCHEED

Kinners Lüüd, wat löppt de Tiet,
de Dag is dor, nu is´t sowiet.
Hüüte heet dat Afscheed nehmen,
een Oog lacht, een kunn wull wenen.
Elke, alltieds hest dien Plichten doon,
un Dag för Dag op´n Posten stohn.
Veel dusend Kinner hest wat lehrt,
wo se een Leven lang von tehrt.
För dien Kollegen weerst du dor,
to jeed´ Problem een open Ohr.
Dat Wohl der School leeg di an´t Hart,
hest dorför streevt, oft ok mit smart.
Seker weer´t nich jümmer licht,
doch duuknackig, dat kennst du nich.
Veel hest du op de Reeg so kregen,
för de Kinner wöört een Segen.
Hüüt is de Dag um Dank to seggen,
wat för de Kinner du hest doon.
Wi wünscht noch barg tofreden Johr´n,
dat Glück schall stets to Siet di stohn!

Paul

Hüüt is een besonnern Dag,
de lütte Paul tellt nu teihn Johr.
Dat vele Gäste mit em fiert,
dat is seker, wiss un wohr.

Wenn man em ankieken deit,
froogt man, wi gau de Tiet vergohn.
Nu süht man een staatschen Jung,
mit plietsche Ogen vör us stohn.

He is hellwook, ok teemlich slau,
lett sik nich an´n Wogen fohrn.
Wer em wat will, mutt fröh opstohn,
sonst hett he ganz gewiss verloren.

Paul, mook du man wieder so,
un goh alltieds den rechten Padd.
Hör op dien Ollern un dien Hart,
so löppt in´t Leven seker glatt!

Swieg over still

In jedet Dorp gifft af un an
över Ne´igkeiten to berichten.
Ganz heemlich warrt een dat vertellt,
sund oftmols allerdullst´ Geschichten.

Ton Schluss kriggst du mit op´n Weg,
behool dat over blots bi di,
sonst heet dat ok noch achteran,
mien Gott, wat is´t för´n sluderie.

Geihst du den annern Dag mol los,
kriggst dat Geheemnis oft to hören,
un jeder flüstert di in´t Ohr,
nich wieder seggen, muss mi swören!

Wenn gau de Runn wat moken schall,
wat egens weten schall keeneen.
Denn segg: „Behool dat over blots bi di,
bald weet in´t Dorp een Jedereen!"

Kuum büst op de Welt…

Knapp büst du boorn un kickst de Welt mit egen Ogen an, hebbt se glieks wat mit di vör. As Eerst kriegt se di bi de Been tofoot, hoolt di överkopp un kriggst batz ´n ornlich Klapps vör´n Moors, dormit dat Kreihen anfangst. Achterno warrst wuschen, von Hacken bit Nacken inpudert, un mit Luren um un Strampelbüx an, kümmst bi Mudder an de Bost.

Dat deit goot, denn dör dat rümhanteren büst teemlich hungrig. Kort dorno föhlst di mööd un matt. De Ogen fallt sacht to, un du seilst af in enen depen, gesunnen Sloop.

Dien Ollern sund stännig um di to. Deit dat nödig, wookt se mancheen Nacht an´t Bett. Geiht di goot, weegt se di op´n Arm oder strokelt de Hoor, wenn du denn al wecke hest.

Geern kiekt de Grootollern, Verwandte un Nobers vörbi.

All sund se neeschierig un wööt dat lütte Minschenkind sehn. Se sund dorbi an´t sinnieren, so, as weerst du meist een Wunnerwark. Jeder hett ok enen dösigen Spröök op de Tung. De Nääs hest du angeevlich von Onkel Hans, den spitzen Mund von Tante Luise un de korten, scheven Been von Opa Gerd. Worüm du so

plietsch ut de Oogen kickst, hebbt se för´t Eerste noch nich klook kregen.
Bi de Kinddööp singst du luder as de Paster un all de annern Gäst, de mit gebögelt Büx un stieven Krogen in´ne Kark sitt.
Von dat lecker Eten, di to Ehr, kriggst blots wenig mit, denn du seilst gau af un slöppst den Sloop des Gerechten.
Ton eersten Geboortsdag kiekt all vörbi. Jeder will sehn, wat ut den lütten Schieter worrn is. Mit Vergnögen sleist du de Patschhannen op de Tort, de Oma Trude egens för di backt hett. Dorbi fangt Tante Luise luuthals dat Juchen an, wiel ehr ne´e Bluus von ünnen bit boven mit Rohm vullklackert is.
So loopt de Johr´n veel to gau dorhen.
Mit söss kümmst to School. Hest dat achter di brocht, sochst langsom dienen Weg in´t ruge Leven.
De Ollern hoolt di an de lange Lien. Stillkens beluurt se over, wat dääglich passeert un op di dool stüürt. Geiht di dat nich goot, sund se to jede Tiet un Stunnen för di dor.
Denn kümmt de Dag, wo de Leev in dien Hart treckt, un du vör den Troaltar steihst.
Dat Glück is vullkomen, wenn sik Nowass anmellen deit. Poor Moond loter is de Weeg, wo du sülms as

lütte Mann in legen hest, worr besett. De Ollern harrn se in Vörohnen fein inpackt op´n Böhn verwohrt.
Wat du as Kind nich verstohn hest oder begriepen kunnst, is nu mit eenmol nich mehr fremd. Di warrt kloor, dat Vadder un Mudder dat alltieds goot menen, wenn se di de Richt för´t lotere Leven mit op den wietern Weg geven hebbt.
Siet ewige Tieden geiht dat so sienen Gang. Ut Kinner warrt een goden Dags Ollern, un wenn´t sienen Gang geiht, loter Grootollern.
Dat is us Levensloop, un wenn´t so kümmt, schall man dankbor un von Harten tofreden ween!

Gerecht

Veel warrt snackt von Gerechtigkeit,
doch wenn man´t recht bedenken deit,
wi asig op us Eer togeiht,
keen kann dat noch verstohn?

De Een de leevt in Goot un Geld,
un kickt von boven op de Welt,
wiel bi em allns goot bestellt,
kann dat op Duur so wiedergohn?

Wi kann op Eerd de Utweg ween?
Gerechtigkeit is narrns to sehn,
mehr Miteenanner weer to schöön,
un Jedeen kunn sien Freden finnen.

Nich stännig an sik sülms blots denken,
ok de in Armoot mol beschenken,
alltieds den rechten Kurs bedenken,
dorop schull´n wi us al besinnen!

Billig no Bremen

Lang harrn sik de beiden Olen dor al op freud. No´n recht lange Tiet wullen se weller mol mit ehr Enkeldeern in´ne Stadt. Bien lösen von de Fohrkorten op´n Bahnhoff in Oldenbuttel wunner Willi sik, dat de Schalter för de Fohrschiens nich besett weer. So kenn he dat noch von sien Schooltied fröher. Wat weer to doon? Op den Bohnstieg sehg he, dat poor Froen an´n Automoten hanteren. Liek stüür he dor op to. De hülpen em dorbi, dat he an de Fohrkorten keem. Kort dorno heel he de Fohrschiens in´ne Hand. He wunner sik doröver, wi billig dat weer, doch de Froen menen, dat leeg seker an enen Sonnerpries wegen den Bremer Freemarkt. Em schull dat liekerveel sien. Ünnerwegens keem de Schaffner to´n kuntrolleren. He knipps de Korten, wünsch goden Dag, un allns schien den goden Gang to gohn. In Bremen ankomen, stüern de Froen, de jem hulpen harrn, opgeregt op se dool. Dat dä ehr reinweg leed menen se, over se harrn dat nich beter wuss. As Willi fröög wat los weer, kregen he to hören, dat de billigen Korten blots to Beförderung von Hunnen gellen. Wiel Dummheit nich vör Stroof bewohrt, muss jede Fro 40,00 Euro nobetohlen. In den Ogenblick kunn Willi sik een lichte Grienen nich verkniepen, dat se trotz Kontrull dör den Schaffner so goot dorvon komen weern. De Fohrt trüch hett he lever glieks den rejellen Pries betohlt, bekanntlich schall man dat Glück jo nich överdrieven!

KRAKEELMOKER

Se snoterten mit stolte Schreed,
denn Grashoff lang, ´ne Reeg von Göös.
De Nobershund kreeg dat to sehn,
sien Blick dorbi weer grantig böös.

Ji oolt opgepluusdert Fedderveeh,
reckt joern Hals nich helsch tohööchd.
Dat Wiehnachtfest steiht vör de Döör,
hebbt acht, ansonsten deit jo weh!

Kriggt jo eerst de Minsch to foten,
is to Enn mit joer Levenstiet.
Een Schann, ji mööt Feddern loten,
un ok de Doot is nich mehr wiet.

Schullen lever mol den Snovel holen,
nich Dag för Dag Spektokel moken.
Villicht hebbt ji denn poor Johr mehr,
un keeneen puult an joer Knoken.

Geschenk to Wiehnachten

Lütt Jan de kreeg von´n Wiehnachtsmann
een Füürwehrauto, vullbepackt mit Marzipan.
Ansonsten weer´t ut Schokolood,
to´n eten egentlich to schood.
Doch wiel he Sötes much so geern,
eet allns he op in enen Töörn.
Dat Resultat, sien Buuk dä weh,
he kreeg Verstoppung un drunk Kräutertee.
Denn gung he no „Tante Meier“, still,
un quäl sik op de runne Brill.
Sien Hopen weer, dor dä sik wat,
sien Kopp weer hitt, de Hannen natt.
As Vadder keek denn in´ne Döör,
un froog, wat mit sien Auto weer?
Geev dat mitmol een lude Knall.
Dorop reep Jan ganz gau torüch:
„Gliek is dat dor, dat tutet al"!

Meist nich to glöven

Dat liggt al ´ne Tiet trüch un is an´n Anfang von de foftiger Johr´n passeert. Alfred ut Vollerso` mook domols jedet Johr poor Göös fett. So harrn se in de slechte Tiet, as dat wenig in´ne Melk to krümeln geev, to Wiehnachten jümmer een leckern Wiehnachtsbroden. Poor von sien Tieren verkofft he jedet Johr. So kunn he för de Kinner un sik sülms beten anschaffen, wat annertieds kuum mööglich weer.
Een vun de Göös gung op de Reis no Bremen. De Arbeitskolleeg von Nober Rudi weer al över´t Johr vuller Vörfreud op de lecker Wiehnachtsgoos.
As Alfred, tosomen mit Fro un Kinner, sik an´n eersten Wiehnachtsdag middags över den Broden hermook un goot smecken loten wullen, stunn op eenmol Rudi in´t Döörlock. He weer de Eenzige, de domols in´n Dorp een Telefon beseet. Opgeregt vertell he, sien Kolleg ut Bremen harr sik bi em meldt un schien gehörig in Brass. De Goos, harr he luuthals in den Hörer bolkt, eenzig een Luug un Betrug. De muss afsluut slecht ween, denn se stunk al gresig ut´n Pott. An eten weer ünner düsse Umstänn överhaupt nich to denken.
Dat keem Alfred recht sonnerbor vör. He kunn´t eenfach nich begriepen, wat dor passeert ween schull.

Foorts sprung he von´n Stohl hoch un gung mit Rudi los, um de Saak op´n Grund to gohn. He wull weten, wat de Lüüd mit sien Goos anstellt harrn.
He reep den Köper in Bremen an un froog em, wann se de Goos utnohmen un wo dorno opbewohrt harrn.
„Utnohmen, utnohmen", fung de dat stottern an, „wat heet utnohmen?"
Gau kreeg Alfred klook, wo de Hund begroven leeg. He mook den Städter mit düütlich Wöör kloor, wat he för'n Dööskopp weer. Denn sett he de Mütz op, gung tofreden no Huus un leet sik de Wiehnachtsgoos goot smecken!

Ooldjohr

De letzten Dooge hett de Wind verweiht,
un weller is de Tiet to gau vergohn.
Dat ne´e Johr steiht vör de Döör;
froogt, hebbt wi ok us Plichten doon?

Wenn um twölf de Klocken klingt,
hett jeder Wünsch för´t komen Johr.
Bedenkt, wat man geern ännern will,
mit Hopen, dat een Deel warrt wohr.

Doch nehmt den Mund nich gor to vull,
weest ok tofreden mit een Beten.
Wat Johr mit us so vörsehn hett,
bekoomt wi eerst an´n Enn to weten!

Ganz gliek wat ok passeren deit,
loot us dat mit Toversicht angohn.
Tosomen freu´n to jeden ne´n Dag,
denn kriegt wi den gerechten Lohn!

Licht in´n Advent

De ole Fro seet deepdenkern in´n Lehnstohl un keek stuur no buten. Se sehg kuum wat, denn ehr Blick güng wiet af in´t Leere. Um´t Huus huul luut een scharpe Wind ut Oost. Dör de besloon Finsterschieven keek af un an de Sichel von den afnehmen Moond un mook de düüster Stuuv för enen korten Ogenblick beten heller.

Doch se nähm dat nicht recht wohr, denn swore Gedanken helen se gefangen. Nu, enige Doog vör Hilligenovend, muss se jümmrto an ehr´n Mann denken, de kortens, poor Weken vör de Gollen Hochtied, ohn lang Krankenloger starv. Nich eenmol Tiet sik von em to verafscheden bleev no, as em ohn Vörohnen de Slag dreep.

Dree Dag loter legg man em in´t Graff. Dorno begeev se sik kuum noch buten Huus. Mit allns wat se beweeg wull se alleen ween, denn wat angohn weer kunn se nich begriepen un lang nich verstohn.

Nu grau se dat mit bang vör de Wiehnachtsdoog. De Dochter schreev, dat se an Hilligenovend noch arbeiten muss un nich komen kunn. Se wull dorför an´n Anfang von´t ne´e Johr een poor Doog vörbikieken.

Jüst as se de Kerz op´t Finsterbrett, de blots noch even glimm, utpuusten wull, klopp dat an de Huusdöör. „Ik ole Fro loot doch um düsse Tiet nüms mehr in´t Huus“, meen se to sik sülms. Doch denn kreeg se wies, dat dat ehr Nobersche weer. Se dreih dorüm korter Hand den Slötel um un leet se gau rin.
„Stine, ik wull di blots seggen, mien Mann un ik muchen di to Hilligenovend geern bi us inloden“, överfull se de ole Fro meist. In´n eersten Ogenblick weer se rein bestott un wull gliek afwehren, doch as de nich locker leet, segg se letzten Enns to.
„Wenn dat recht is, hoolt wi di gegen Klock fief af un goot tosomen to Kark“. Dor harr Stine de letzten Doog mit Wehmoot an dacht, denn över all de Johr´n hör dat för ehren Mann un se dorto.
As de Gottesdeenst anfüng, de Orgel liesen speel, dorto de Kerzen an´n festlich smückten Dannenboom hell lüchen un de Paster wi jeed Johr de Wiehnachtsgeschicht lees, worr ehr op eenmol beten licht um´t Hart, ok wenn se enige dicke Tronen de langsom de Backen doollepen nich opholen kunn.
To Huus eten se gemeensom Ovendbrot un güngen denn in de mollig warme Stuuv. De Nobersfro steek de Lichter von´n Dannenboom an, un tosomen drunken se enen hitten Flederbeerngrog. Dat Neejohrswaffeln un

sülms backen Kekse op´n Disch stunnen, versteiht sik von sülms.
Gegen Klock teihn wull Stine no Huus. De beiden brochen se bit an´ne Huusdör. As se sik bedank, wehren de Noberslüüd af. „Dat is allns goot so, dat is Christenplicht“, menen de, „un wat wi di seggen muchen, ok to Sylvester lood wi di in.“
As Stine alleen weer, sett se sik noch enen Ogenblick in ehre Stuuv. Se dacht vull Dankborkeit an den schönen Dag trüch, op den se nicht to Hopen woogt harr un nu weller ne´n Levensmoot för de komen Tiet geev. Denn güng se in de Boodstuuv un mook sik trecht för de Nacht. In´ne Komer knips se bald dat Licht ut un legg sik slopen. Lang noch leeg se wook, bevör de Ogen mööd tofullen. Wi al wekenlang nich mehr, sleep se deep un fast bit annern Morgen.

Wiehnachten adjüüs

De Klockenklang is lies´ verweiht,
dat ole Johr hett us verloten.
Mit gode Eten un poor Punsch,
hett man de Fierdoog begoten.
Mit Hetzen geiht in´t ne´e Johr,
veel Lüüd nu in de Koophüüs streven.
Afjachtert koomt se mööd no Huus,
wo is de Wiehnachtsfreud blots bleven?
Doch alsbald hett man´t op de Reeg,
dat Umtuschen weer nich so swoor.
Wenn Januarmoond to Enn´n geiht,
is ok de Kopp langsom weer kloor.
Bit ton August hett man nu Tiet,
sik von den Rummel to verholen.
Denn nimmt de Sook den glieken Gang,
langt blots gau to, wat us befohlen.
De Stress geiht nu von vörn weer los,
man dröff jo nich de Letzte ween.
Köfft in un schüddelt blots den Kopp,
hett man to Huus sik allns besehn.
Denk ik trüch an mien Kinnertiet,
dor hebbt de Ollern us vertellt,
Advent un Wiehnachten is mehr,

as gieren achter Goot un Geld!
Villicht mol all tosomen komen,
de Klock wohrhaftig gau sik dreiht.
Geneten een poor stille Stunnen,
un so beleven Wiehnachtsfreud.

Wat hebbt wi lacht…

Hinnerk siene Adele weer bien Slachter un harr Wust kofft. As se tosomen an´n Obendbrotdisch seten, meen he: „Du kiek mol, is dat denn mööglich, in miene Lebberwust is ´ne lütte Schruuv!"
„Jo Hinnerk", meen Adele dor, „kann man weller mol sehn, wi de Motor hüüttodags dat Perd verdrängt."

***

De Discher Renken harrn ne´n Lehrling instellt. Um wat kloor to kriegen, muss he kort uter Huus. He seggt denn to´n Jung: „Du passt so lang op´t Telefon. Jümmer fründlich to de Kunnen un nie seggen, dat hebbt wi nich. Ik hoop, du hest mi verstohn!"
Um em to kuntrulleren, röppt he von ünnerwegens an un froogt den Jung luurig: „Hebbt se in ehr Holt ok Astlöcker?"
„Jo", is de Antwoort.
„Wiveel köönt se levern?"
„ In´n Ogenblick jüst keen!"
„Un worüm nich?"
„De hebbt wi all no Amerika verköfft."
„Un wat mookt de Amerikoner mit Astlöcker?"

„Neeslöcker för Schaukelpeer“, weer de Antwoort. Nu wuss de Meister, he harr een plietschen Lehrjung kregen.

***

Dirk ut Porstheid wull geern bi de Polizei anfangen. Eerst stunn over de Opnohmprüfung an.
De Prüfer froog em: „Wi gelingt es Ihnen, eine aufgebrachte Menschenmenge auseinander zu bringen?“
„Dat kann nich slimm ween“, meen Dirk, „ik nehm mien Mütz von´n Kopp un fang an to sammeln!“

***

Jan weer bien Frisör ween. To Huus fangt he dat Schimpen an. „Wat is denn mit di los,“ will siene Fro weten.
“Dat is doch unklook, de Priese sund al weller antogen!“
„Hett he di ok vertellt worüm?“, froog se wieder.
„De Grund schall ween, de Gemeen hett de Stüern un Afgoven erhöht, un dorüm warrt de Gesichter jümmer länger!“

***

Bi Slachter Swienskopp geev dat Nowass. Een lütten, strammen Jung keem op de Welt. As he dat eerste Bild von sienen Sprössling in Hannen hollt, wiest he dat de Kunnen achtern Tresen. „Find ji nich ok, dat de Bengel mi meist ähnlich süht?" „Jo", meen dor sien Nobersche Martha spitz: „Nehm di dat nich so to Harten, wichtig is doch, de Jung is gesund!"

***

Willi muss no´n Doktor. Överall smart em dat. De ünnersocht em gründlich un meen: „Sie haben Kalk in den Arterien, Wasser in den Beinen und außerdem Nierensteine." „Jo, jo," meen Willi, „wenn se mi noch vertellen wööt, ik heff Sand in´n Kopp, fang ik foorts an un bo mi een Huus."

***

„Hett de Medizin hulpen, de ik verschreven heff?" froog de Doktor Mimi ut Friedensheim.
„Allerbest Herr Doktor", geev se em to Antwoort, „dat Rheuma is weg, us Jung hoost nich mehr so dull, un mit den Rest heff ik de Messer un Gaveln blank putzt."

***

In´t Dorp stunn dat Aarntfest an. Poor Lüüd ut de Kreisstadt fieren düchtig mit. Dor meen een von de Gäst: „Herr Ober, in meinem Glas schwimmt eine halbtote Fliege!"
„Dor kann ik ok nix an ännern" harr Fidi Nattnees meent, „ik bün hier as Kellner anstellt un nich as Veehdokter!"

***

In de Dorpsjagd harrn se endlich den Wilderer tofoot kregen. He muss vör Gericht un worr to soß Moond Knast veruurdeelt.
„Wollen sie die Strafe sofort absitzen, Herr Jacobs?", froog em de Amtsrichter.
„Ach, wenn sik dat irgend inrichten lett, denn man doch lever wenn Schoontiet is", weer sien Antwoort.

***

In de School in Bornrieh´ stunn Heimatkunnen op´n Ploon. De Lehrer wull de Kinner verkloren, dat dör düchtige Rieven Warms tostannen kümmt. „Nehmt einmal eure Hände und reibt sie tüchtig aneinander, was geschieht dann?"

Dat duur ´ne ganze Tiet, denn mell sik Hemmann ut Verlüß´. „Bi mi Herr Lehrer gifft dat luter swatte Krümel.“

***

Adolf un Gustav kemen von de Wohlversammlung trüch. De Kandidoten för dat Börgermesteramt harrn sik vörstellt. „Wat meenst du Adolf“ froog Gustav em plietsch, „keen hett di am meisten toseggt?“
„Och“, meen de op sien drööge Oort, „dat will ik di ehrlich seggen, du kannst mi gor nich glöven wi froh ik bün, dat blots Eener wählt warrt!“

***

Hinni ut Giehlermoor muss no´n Doktor. Op den Weg dorhen dreep he siene Nobersche Amanda. De froog neeschierig, wat he för Wehdoog harr. „Ik kann gor nich so recht topedden, miene Fööt sloopt jümmer in“, meen Hinni. Dorop se mit scharpe Tung: „Wat heet hier egentlich inslopen? Denn Ruuch no to Uurdelen, mööt se al lang doot ween!“

***

Dat weer Tiet um in´t Bett to gohn. Mudder wull dorüm de lütte Deern in de Sloopstuuv bringen. De harr over keen Lust un fung dat Quesen an. Mama meen denn: „Ich brauche noch ein wenig Ruhe. Du weißt ja, bald bekommst du ein kleines Brüderchen."
Dor fung dat lütte Göör luut an to blarren.
„Mama, das ist ungerecht! Mein Bruder ist noch nicht geboren, darf aber schon länger aufbleiben als ich."

***

„Mensch Gerd, wat is los mit di, du löppst jo so krumm puckelnd dör de Gegend un hest denn Kopp twüschen de Been bit an´ne Grund", froog Heinz sienen Fründ.
„Jo, dat is man so", meen de. „Ik heff ´ne Furunkel an´n Moors, un de Dokter hett to to mi seggt, de schall ik in´t Oog bolen!"

***

Gustav keem dor jüst op to, as de Börgermester un de Landrot no´n Aarntfestumzug an´n Tresen stunnen un sik över dat Thema „Ewigkeit" in Brass snacken. De Weyerbarger Börgermester meen: „Wenn een lütten Vagel, eenmal in´t Johr ´n Snavel vull vun den Weyerbarg weg driggt, un de Barg so platt is wi dat Land umto, dat is de Ewigkeit.“

„Dummtüüg“, anter de Landrot. „Wenn ik all halve Johr enen Teelöpel Woter ut de Hamm´ nehm un de bit op den letzten Druppen leer un utdröögt is, dat bedüüd Ewigkeit.“

„Ji hebbt beide keen Ohnung“, meen Führwehrhauptmann Gustav dor op siene plietsche Oort. „Bit ener vun jo beiden mol ´n Glas Beer utgifft, dat duurt ene Ewigkeit.“

Platt un Hooch

Een lütte Hülp för all de Lüüd, de dat een oder anner Woord in dit Book noch nich kennt.

afmaracht	abgearbeitet
afluurn	abwarten
afsluut	absolut
akroot	sorgfältig
amenn	schließlich
asig	schlimm, arg
Babbel	Mund(werk)
Bannig	sehr
barg	viele
batz, butz	plötzlich
bedröövt	betrübt
begriepen	verstehen
begünn	anfangen
beleben	erleben
bestott	stutzig
beten	etwas
bidd	bitten
bito	nebenan
blädern, blören	blättern
blangen	neben
bolk	rief

bolken	brüllen, schreien
boorn	geboren
boven	oben
Brass	Erregung
buten Kopp	auswendig
buuksch	voller Bauch
Deerten	Tiere
degern	gehörig, tüchtig
delen	teilen
diegen	gedeihen
dool	runter
Dörpsteed	Dorfplatz
dösig	dumm
Draff	Trab
dröff	dürfen
dröög	trocken
druseln	einnicken
dull	toll
duuknackig	gedrungen
dwars	quer
egol	gleich
flütt	fließt
foken	oft
Föör	Furche
foorts	sofort

Gedüür	Geduld
gell	gelten, galt
gliek	gleich
gnatterig	mürrisch
gresig	schrecklich
günnen	gönnen
heel	ganz, sehr
hendool	hinunter
hibbelig	aufgeregt
högen	freuen
hüsen	hausen
jichtenseen	irgendetwas
jöök	jucken
jüst	gerade, soeben
kell	schmerz
Knööv	Kräfte
kott	kurz
Krakeelmoker	Krachmacher
kroom	Kram
krüppt	kriechen
krüüsch	wählerisch
kunkuleern	überlegen
liek	gerade
liekers	dennoch
liekerveel	gleichsam

loosiesen	loslassen
luern	lauern, warten
luuk	ziepen
macklich	gemütlich
marken	merken
mau	matt, müde
minn	gering
minnachtig	geringschätzig
mööd	müde
Mööt	Begegnung
morrn	morgen
mulken	melken
muulsch	mürrisch
Nattnees	durstiger Mensch
narms	nirgends
noloten	nachlassen
noog	genug
nöögst	bald
nüms	keiner
opletzt	zuletzt
övel	übel
pier	schmerzen
plieren	blinzeln
plietsch	pfiffig, schlau
plögen	pflügen

proot	bereit
prööv	probieren
Rebeet	Gebiet, Fach
rejell	ordentlch
risch	schnell
rieven	reiben
rögen	bewegen
rumdömen	spielen, tollen
rumorn	rumpeln
Ruuch	Geruch
sä	sagen
sachts	vielleicht
Scheefbeend	krumme Beine
schoten	geschossen
Schreed	Schritte
simmeleren	nachdenken
sinnen	denken
sleek	schleichen
sloon	schlagen
Smack	Geschmack
smacklich	schmackhaft
smart	Schmerz
smitt	werfen
smuustern	schmunzeln
snicker	glatt, sauber

Sood	Brunnen
sööt	süß
spiddelig	klein, schwach
Stä/Steed	Stelle
stevig	fest, stramm
stickhoorig	dickköpfig
stillkens	heimlich
strüüvt	streuben
stüttig	stetig, immer
stuur	starr
stüürn	steuern
sülk	solche
swack	schwach
swiegen	schweigen
sworen	schwören
teemlich	ziemlich
tehren	zehren
tell	zählen
Toch	Zug
togeben	zugeben
togen	anziehen
tokomen	nächstes
topedden	zutreten
toseggt	zusagen
töven	warten

trecht	fertig
trohartig	treuherzig
trüch	zurück
ut de tüüt	außer sich sein
umbi	ungefähr
verbaast	verdattert
verdorrt	vertrocknet
vergrellt	wütend
verklomen	erkalten
Verlööf	Erlaubnis
vermohnen	ermahnen
wasst	wachsen
weiht	wehen
wies moken	klar machen
wiss	gewiss
wogen	wagen
wunnen	gewinnen

Lebensloop

Mit groot Spektakel bün ik 1944 bi enen Bombenangriff in Bremen op de Welt komen. Twee Johr loter sund miene Ollern no Hambargen-Heißenbuttel in´n Kreis Osterholt togen. Hier hett mien Opa mi plattdüütsch bibrocht. Gung ok nich anners, denn dat weer sien Sprook von lütt an. No Grundschool un Middelschool in Osterholz-Scharmbeck heff ik bi de Spoorkass ´ne Lehr anfungen. As mi dat Fernweh to foten kreeg, bün ik as Zahlmeister op „TS BREMEN" um de Welt reist. Hier an Bord heff ik miene Fro kennen leernt. Denn weller trüch an de ole Arbeitsteed no Wallhöfen (Wullöben) bit to Rente.
Mien eerste Book:
„Kinners-Lüüd/ Dat Dorp un umto" is von 2010.
Wiel de plattdüütsche Sprook jümmer weniger snackt warrt, will ik mit dit Book versöken, dor beten gegen antostüürn, dat se nich jümmer mehr verloren geiht.
Ik wünsch Pläsier bien Lesen un bidd jo, snackt weller mehr platt. De Sprook hett dat verdeent!